古代文史名著选译丛书

主编 章培恒 安平秋 马樟根

史通选译
修订版

译注 侯昌吉 钱安琪
审阅 周勋初

凤凰出版传媒集团 凤凰出版社

图书在版编目（CIP）数据

史通选译 / 侯昌吉，钱安琪译注. -- 南京：凤凰出版社，2011.5
　（古代文史名著选译丛书）
　ISBN 978-7-5506-0388-2

Ⅰ.①史… Ⅱ.①侯… ②钱… Ⅲ.①史学理论－中国－唐代 Ⅳ.①K092.42

中国版本图书馆CIP数据核字(2011)第045847号

书　　名	史通选译
译 注 者	侯昌吉　钱安琪
责任编辑	陈晓清
出版发行	凤凰出版传媒集团
	凤凰出版社（原江苏古籍出版社）
	南京市中央路165号　邮编　210009
	发行部电话 025-83223462
集团网址	凤凰出版传媒网　http://www.ppm.cn
照　　排	江苏凤凰制版有限公司
印　　刷	江苏凤凰扬州鑫华印刷有限公司
	扬州市江阳工业园蜀岗西路9号　邮编 225008
开　　本	960×1304毫米　1/32
印　　张	7.5
字　　数	121千字
版　　次	2011年5月第1版　2011年5月第1次印刷
标准书号	ISBN 978-7-5506-0388-2
定　　价	16.00元

（本书凡印装错误可向承印厂调换，电话：0514-85868858）

《古代文史名著选译丛书》编委会

顾　问

周　林　　邓广铭　　白寿彝

主　编

章培恒　　安平秋　　马樟根

编　委

（均按姓氏笔划多少排列）

马樟根　平慧善　安平秋　刘烈茂　许嘉璐

李国祥　金开诚　周勋初　宗福邦　段文桂

董治安　倪其心　黄永年　章培恒　曾枣庄

（以上为常务编委）

王达津　吕绍纲　刘仁清　刘乾先　李运益

杨金鼎　曹亦冰　常绍温　裴汝诚

（以上为编委）

《古代文史名著选译丛书》修订版
出版说明

呈献在读者面前的这套《古代文史名著选译丛书》是2011年的修订版。全书共134册,包括了中国从先秦至清末两三千年间的著名典籍。每部典籍都选其精粹(《论语》《老子》则全文收录),收录原文,加以简明的注释,力求准确地译为现代汉语,并于每一篇之前写有对该文的提示性说明。这是近一个世纪以来,规模最大、收录种类相对齐全、译注质量较高的一套普及传统文化的今译丛书。

这套丛书,原在1992年—1994年由巴蜀书社分三批出齐,印行过万套;不久,又由台湾的出版机构买去海外版权在台湾及海外发行,可见这套丛书当年在两岸受欢迎的程度。时隔17年,丛书编委会决定重新修订,改由江苏凤凰出版集团所属的凤凰出版社出版。

  这套丛书是由教育部属下的全国高等院校古籍整理研究工作委员会(简称古委会)于1985年策划的。古委会组织了全国18所大学的古籍整理研究所的所长任编委会编委,由我们三人任主编,在全国范围内选请学有专长的学者承担各书的译注。从1986年—1992年,历时7年完成。当时,编委会制订了严明、可行的体例和细则,译注者按要求完成书稿。每部书稿完成后,都在全国范围内请编委会之外的专门研究这一学术领域的两位专家初审,合格后再请两位编委参照初审意见审改,然后退还原译注者改正。待原译注者改正后,再由编委会集中常务编委和部分编委、相关专家在一地将每部书稿从头至尾审改。这样的集中审稿会一般都在8—15天,7年中开了12次审改会。审改后,三位主编再集中在一起逐一审定,交付出版社。这一工作程序,使得这套丛书的译注质量有了一定的提高。所以,这套丛书,在一定程度上是个人与多人合作的结果。关于这套丛书的编纂始末,我们曾在1992年4月全书交稿后写有一篇文章,这次附在修订版书末,便于读者了解。

这次修订,是交由原译注者自已修改。少数译注者已去世,则书稿一仍其旧。个别译注者已联系不上,也保持原貌。

1992年—1994年出版时,书前有当时古委会主任周林先生写的序。周林先生是这一丛书的发起者。他已于1997年6月去世,至今已14年了。为了尊重历史,也为了纪念他,修订版仍用他的序。

我们三人在1985年—1992年主持这套丛书工作时,年龄大的是从51岁到58岁之间,年龄小的是从44岁到51岁之间,那时尚有精力组织、参与这一工作,今天我们都已年逾古稀。全书修订版出版之际,心情似乎比当年更惴惴不安地期待着读者的评头品足,期待着不要对读者贻误太多。

回想这套丛书,真应该感谢我们的祖先为我们留下了这样深厚、丰富的思想、文化遗产,使我们今天仍然受用无穷。应该感谢这套丛书的全体译注者、审阅者、编委和当年的出版者巴蜀书社、今天的出版者凤凰出版社,是他们的学识、辛勤与真诚使得这套丛书得以面世。

章培恒　马樟根　安平秋
2011年3月15日

序

《古代文史名著选译丛书》与广大读者见面了。这是丛书编委会的同志与众多专家学者通力协作、辛勤耕耘的结果。

中华民族在五千年漫长的岁月里,创造了光辉灿烂的文化,给人类留下了丰富的精神财富。"观今宜鉴古,无古不成今"。今天,以马克思主义的科学理论为指导,整理研究我国古代文化典籍,做到汲取精华,剔除糟粕,古为今用,推陈出新,使人们在正确认识民族历史的同时,得到爱国主义的教育,陶冶道德情操,提高全民族的文化素质,促进社会主义文化的繁荣,使文明古国的历史遗产得以发扬光大,这是我们每个炎黄子孙的责任。而要做到这样,对古籍进行整理与研究是重要的基础工程。但是,整理与研究古籍仅作标点、校勘、注释、辑佚还不够,还要有今译,使老年人、中年人、青年人都愿意去读,都能读懂,以便从中得到教益。

基于以上认识,全国高等院校古籍整理研究工作委员会于1986年5月组成了以章培恒、安平秋、马樟根三位同志为主编的《古代文史名著选译丛书》编委会,确定了以全国十八所大学的古籍整理研究所为主力承担这一看似轻易、实则艰巨的今译任务。在第一次编委会议上,拟定了《凡例》、《编写与审稿要求》、《文稿书写格式》和一百余种书目。以每一种书为十万至十五万字计算,这套丛书大约有一千余万字,应该说是一项大工程。经过一年的努力,完成了第一批三十六部书稿的译注任务。在各研究所的专家与所长把关的基础上,于1987年5月和7月,先后在复旦大学、北京大学召开了部分编委参加的审稿会,通过了二十五部书稿,作为《古代文史名著选译丛书》与广大读者见面的第一批作品。与此同时,在1987年7月6日,邀请了在京的十几位专家教授与编委会十几位编委一起座谈这套丛书与古籍今译的问题。专家们肯定了今译工作的必要性与深远意义,并以他们数十年的教学科研和创作的经验,说明今译是一项难度很大的工作,是培养人才,使之打下坚实基本功的一种有效方法;专家们还对《古代文史名著选译丛书》提出了宝贵的建议,这对当时的审稿工作和保证《丛书》的质量起了很好的作用。

实践证明,古籍的今注不易,今译更难。没有对作品的深入、透彻的研究,没有准确、通俗、生动的语言表达能力,要想做好今译是不可能的。两年多来,全国高等院校古籍整理研究工作委员会在探索古籍的今注、今译的道路上,做了一些工作。这部丛书的出版,是系统今译的开始,说明古籍整理研究工作有了新的进展。更可喜的是,一批中青年学者参加了今注今译工作,为古籍整理增添了新生力量,相信他们会在实践中,在学习中,成长成熟。我希望,这套丛书的编委会和高校各古籍整理研究所要敞开大门,加强同国内外专家学者的联系,征求他们和广大读者的意见,并向有真才实学而又适宜做今译工作的专家学者约稿,以提高古籍译注的水平,使《古代文史名著选译丛书》的第二批、第三批作品的质量更上一层楼。

这是一套以文史为主的大型的古籍名著今译丛书。考虑到普及的需要,考虑到读者对象,就每一种名著而言,除个别是全译外,绝大多数是选译,即对从该名著中精选出来的部分予以译注,译文力求准确、通畅,为广大读者打通文字关,以求能读懂报纸的人都能读懂它。我希望这套丛书能成为中小学教师的语文、历史教学的参考书,成为大专院校学生的课外读物,成为广大文史爱好者的良师益友。由于系统的古籍今译工作还刚刚起步,这套丛书定会有不少缺点、错误,也诚恳地希望读者批评指正。

巴蜀书社要我为这套丛书写序,我欣然接受了。我相信这套丛书不仅会使八十年代的人们受益,还将使子孙后代受益,它将对祖国的繁荣昌盛起到点滴的作用。最后借此机会向曾给予我们支持、帮助的专家学者和巴蜀书社的同志表示衷心的感谢!并殷切地希望台湾同胞、港澳同胞、海外侨胞和我们一同做好祖先留给我们的文化遗产的整理工作,为中华民族灿烂的文化再放异彩而努力!

周　林
1987 年 10 月于北京

目　录

前言 001

六家 001

二体 022

序例 031

编次 038

言语 046

浮词 057

叙事 063

直书 078

曲笔 086

鉴识 094

核才 103

烦省 112

杂述 …………………………………… 118

自叙 …………………………………… 127

古今正史 ……………………………… 136

疑古 …………………………………… 158

惑经 …………………………………… 170

忤时 …………………………………… 182

编纂始末 …………………………………… 001

丛书总目 …………………………………… 001

前　言

我国是世界上文化发达最早、历史最悠久的国家之一。考古学家对上古器物图识研究的最新成果证明,早在公元前二千三四百年之间,我国就有了文字。据《史记》记载,公元前十六世纪的成汤时代,就有了史官的设置,出现了用文字记载的历史典册,可惜没有留传下来。直至公元前十五世纪的盘庚时代,才留下了真实可靠的历史文献,从此我国进入有文字可考的信史时期。

公元前十一世纪,继殷商之后建立起来的周朝,典章制度更趋完美,史官设置更为周备,文化发展更加丰富多彩。特别是在春秋战国时期,由于社会政治经济的急剧变化,推动了文化学术的繁荣。

贵族阶级出于统治的需要,注意总结历史经验,于是出现了记言体的《尚书》和记事体的《春秋》。影响之下,记言的国别史《国语》、《战国策》,记事编年体《左传》,以及名目繁多的历史著作相继产生。到了汉代,在此基础上又加发展,创立了通史纪传体《史记》,断代纪传体《汉书》。自此以后,在两千多年的封建社会中,各个朝代都继承编修、撰写史书的传统,史官设置,沿袭不变,史馆的建立规模更大,都把先秦古史视为经典,把汉代创立的纪传体视为正史,争相仿效,不断出现后起的许多正史,发展出其他的别史、杂史。从先秦至明清,在几千年的社会发展中,历史学家灿若繁星,历史典籍浩如烟海,其中涌现出许多优秀的史学家和历史名著,仅就唐初《隋书·经籍志》正式确定下来的史部目录而言,就有817部,13264卷。但是,在隋唐以前,还没有人对这些史书进行系统的研究,从理论上加以探讨总结。直到唐代初期,由于唐太宗提倡文史,诏令编修史书,设立史馆,文士们研习史学成为风气。在这样的社会影响下,史学家刘知几以自己特有的条件,顺应时代的要求,编撰成了《史通》一书,从此我国才开始有了第一部有系统的史学评论著作。

　　刘知几,原名刘子玄,因与唐玄宗李隆基的名字同音,为避讳而改名。他生于唐高宗龙朔元年(661),卒于唐玄宗开元九年(721),终年61岁。彭城(今江苏徐州)人,出身于封建官僚家庭。他的从祖父刘胤之,伯父刘延祐都曾任著作郎、弘文馆学士,参与编修国史和实录。他的父亲刘藏器曾为侍御史、监察御史。在家庭环境的影响下,刘知几从小就受到良好的文史教育,听讲诗书,游心文艺。十一二岁父亲教学《尚书》古文、《左氏春秋》。十三岁,不依靠师长的教导,独自观览史书,了解古今制度的变革、历代帝王接续的次第。十七岁起通览群史,洞悉叙事概要、著书梗概。二十岁中进士,授获嘉县主簿,在此后的将近二十年中,进一步潜心研究史学。于是游学京都,广泛借书,任情阅读。经史之外,诸子百家及杂记小说,莫不钻研汇通,穷究得失,常常设问质疑,提出独到的见解。同时扩大交往,与志同道合的朋友切磋砥砺。他的言谈议论,道德学术,深为朋辈所赞许,而被竭力加以推举。

　　公元699年,刘知几三十九岁,被调至京都,历任著作郎、左史等职,撰修国史。在二十年的岁月中,"三为史官",在史馆修史的过程中,更有机会博览群书秘籍。他早立下志向,要成为有名的历史学家。他身为史官,意欲对班、马以下的各种史书普遍加以刊正,对史馆的弊端进行革除。但因当时唐王朝统治集团的争夺倾轧,政治败坏,而他耿介刚直,不附权势,政治上遭到排斥,编修史书的意见主张,又与监修大臣屡相抵触。才能无法施展,抱负不能实现,想辞去史官自行著述又不可能,于是他一面修史书,一面私撰《史通》,以表现自己的志向。他以通览群书、贯穿百家的史学才能,以潜心史学的抱负和敢于独抒己见的精神,加之长期编修史书的实际经验积累,勤奋不息,顶住了外来的讽诮和指责,经历九年的艰辛,终于完成了"前无古人"的《史通》。对上自尧、舜,下及陈、隋的历史典籍,都进行了审察考核,追本溯源,分析利病,总结归纳,提出了自己的史学理论。

　　刘知几反复辨明,史官编撰史书的最高目的不在于传诸不朽,名垂一时,而首先在于"彰善贬恶",有益劝诫,发挥社会教育作用。因此,史官应该志存实录,秉笔直节,"不掩恶,不虚美",要以春秋时晋之董狐、齐之南史为榜样,"仗气直书,不避强御","宁为兰摧玉折,不为瓦砾长存"。对过去史书中那些阿时媚主,谄谀求荣的曲笔,痛加斥责。他认为不顾事实,随意褒贬,文过饰非,凭空臆造,是作者的丑恶行为,是史官的奇耻大辱。他把这一史学原则作为衡量史书的标准。

针对以往史书体例乖谬,编次缺乏条理系统,编史方法上存在的问题,他对史书的体例、编史的方法提出了自己的主张,把隋唐以前的史书归结为六种体例。认为体例的兴废变化,是社会变化发展的结果,要适应时代进化的要求,应当采取编年和纪传体,二体各有长短,相互为用,写作断代史则最为完美。要求在体例、编次上,"以类区分",分类编排,纪传之中不能杂以不同体例的表、志。列传和本纪,要前后连接,确立题目,要名实相符;编次要严谨合理,烦省适中。他认为"史之有体,犹国之有法",并按照体例的法规对历代史书进行了科学的分析和评论。

在编史方法上,刘知几认为必须对古代史书探幽索隐,求其奥秘,了解它的源流脉络,利病得失。不能专门研究圣贤的经典,拘泥固守《史记》、《汉书》,而要博览诸子杂史,别录异书,采择田夫野老的言谈，探求不合圣经的异说，择善慎取。叙事方面，要善于组织材料，表达思想，"以简要为主"，达到"文约而事丰"的高标准。选载文辞要言之有物，"拔浮华，采真实"，不能把史书编成文集。记事的烦省不能以卷数和字数的多少定优劣，而要从实际出发，看其记载是否恰当，有无遗漏。如果千篇一律，加以限制，那就不合情理。言语方面，他主张要把历史语言和文学语言分开，既讲究修辞，又要力去浮词雕琢。言语随时代、地域变化，修史应当采取当时口语。反对重古轻今和害怕用今语书写，一味追求古语。他认为记事的真实与否，决定语言的美丑。这些理论主张，都贯穿着刘知几的发展观点和实录精神。

  刘知几总结过去编史的经验来编好史书，特别提出了"史才须有三长"的著名理论。他认为一个历史学家应该具备史才、史学、史识三个条件。史才是编写史书的技能，要熟习编史的方法，善于驾驭材料，运用语言，工于叙事。史学，指掌握、鉴别和选择史料的能力，也就是要具有史学家的知识和学问，综览群书、博闻多识。史识，指史学家的观点和笔法，就是要具有高明的见解，深邃的洞察能力，参会研核的鉴识,具有善恶不隐、直书其事的笔法,要做到秉笔直书,实际上又包括了史家应该具有公正不阿的优良史德。到清代时章学诚在《文史通义》中把史德列为专篇,这样对史德的要求就更加明确。其中史识是最重要的,只有具备这样的史识,才能辨别利病,分清善恶,坚持实录精神,恪守史家职责。才、学、识三者是相互联系,缺一不可的。才、学是基础,影响史识的形成;而史识又起着统率作用,影响才、学的正确施展。这一理论是刘知几史学思想的中心,他对所有史籍的评论,都是从这个要求出发的,他提出的史学主张,也是在这一理论指导下展开的。

刘知几不仅提出了"史才三长"的理论,而且他自己也就是才、学、识兼备的历史学家。他博览群书,深于史学,继承了古代史学的优良传统,并善于吸取,又勇于探索,独立发挥自己的才智。他提出"仗气直书"的史学原则,自己又确实具有"守兹介直,不附奸回"的道德品质。他总结过去,提出史书体例、编撰方法、史才理论,表现出史家的严谨态度和独创精神。对隋唐以前的若干历史学家和历史著作的长短得失,逐一分析评论。被封建统治阶级奉为最高标准的儒家经典,他也敢于提出怀疑和批评。他批评"五经""理甚相乖",批评《尚书》、《春秋》"体例不纯",记事缺略太多,虚美隐恶,爱憎由己,前后矛盾,情理不通。认为讴歌尧、舜禅让颇不合事实;一说桀、纣之恶,就把所有罪恶都加在他们身上;那些对孔子《春秋》的赞美,也多不合实际。批判历史的同时,他还对过去和当时的政治,对封建贵族的隐秘,唐代史馆的弊端,也有所揭露批评,表现出勇敢的批判精神。因为这样,他遭到历代封建史学家和封建文士的强烈谴责,把《史通》视为异端邪说、非圣无法,然而这正是刘知几的杰出之处。

但是,刘知几毕竟是封建社会的历史学家,他的史学评论、理论主张,不可避免地存在着时代的局限,思想理论上有许多矛盾之处。他反复强调实录直笔、善恶必书的史学原则,重视历史的劝诫作用,其最终目的是"激扬名教,以劝事君者"。他的善恶、劝诫、名教、事君,仍然是统治阶级的道德标准。他反对虚美隐恶,对孔子《春秋》事涉君亲,一定要在言辞上多加隐瞒回避,表示不满,但又认为虽不够正直之道,却在其中保存了名分和礼教,从而又肯定君臣父子的名分等级、纲常伦理,说明他要求的公正不阿还是有限度的,他在体例编次中要求的名实相符,也正是名分等级思想的表现。他把人事的废兴,史书的流传或湮灭,归于时机命运,实际上是决定于最高统治者的政治和权威。他反对灾异说,认为灾祥的存在属于自然现象,和人事无关,但在谈到编史目的时,又要列上"旌怪异"一条。他反对六朝的绮丽文风,反对用骈文撰写史书,但他并没有摆脱六朝文风的影响,不少地方仍然运用骈体。他主张叙事以简要为主,但他在叙事中所列举的论据和事例,往往前后重出,显得繁冗。还有一些论断和引证的事例,也并非完全正确,有的并不符合实际。虽然如此,《史通》研究历史的成绩还是主要的,它开拓了史学评论的道路,建立了史学史的基础,推动了我国历史学研究的发展,贡献是巨大的。

后人对《史通》进行研究注释的,明代郭延年的《史通评释》、王惟俭的《史通训故》,是较早的注释本。清代黄叔琳的《史通训故补》在王本的基础上补加了新注,浦起龙的《史通通释》,又依据各本校释,并吸收黄本的优点,是《史通》注释中较好的本子,流传最广。1978年上海古籍出版社出版的浦起龙《史通通释》，又是经过王煦华校点过的，书末还附录了陈汉章《史通补释》、杨明照《史通通释补》和罗常培《史通增释序》，更便于阅读。

　　本书以1978年出版的《史通通释》点校本作为底本，并参考其他一些版本，选择了其中的18篇，约占《史通》全书49篇的三分之一强。所选篇目，力求突出刘知几的史学思想，使覆盖面尽可能广泛一些，能体现全书的概貌，同时力求适合读者的实际需要。在译注过程中，曹慕凡教授曾参加本书的选目工作。李达益教授从开始选目直到最后审阅全稿，提出了许多很好的意见。二位老师都为本书付出了辛勤的劳动，特在此表示衷心的感谢。但由于我们学识浅陋，在译注中不免仍有疏误之处，敬请读者批评指正。

侯昌吉（西南大学文献所）
钱安琪（西南大学文学院）

六　家

刘知几在本篇中研究了唐代以前历史著作体裁的变迁史,并全面地加以总结。他认为古来史体,其流有六:即《尚书》家记言,《春秋》家记事,《左传》家编年,《国语》家国别,《史记》家通古纪传,《汉书》家断代纪传。就唐以前主要史体来说,如像他在本篇结论中所说:"史之流品,亦穷于此矣。"这也是《史通》全书的总纲。他不仅研讨了各种史体的演变,叙述它的意义和作用,品评它的优劣得失。还提出史书的体裁要适应时代变迁进化的要求。本文开头就说"古往今来,质文递变,诸史之作,不恒厥体。"篇末又说"朴散淳销,时移世异,《尚书》等四家,其体久废。"这种认识是符合史学发展实际的。他还把相传是孔子编写的《尚书》和《春秋》,由儒家尊崇的"经"降为"史";把断代为史的《左传》和《汉书》,由解释《春秋》、续《史记》的普通著作提升为史家必须"祖述"的范本。以上这些,都表现了作者的创见。

自古帝王编述文籍,外篇言之备矣①。古往今来,质文递变②,诸史之作,不恒厥体③。权而为论④,其流有六:一曰《尚书》家,二曰《春秋》家,三曰《左传》家,四曰《国语》家,五曰《史记》家,六曰《汉书》家。今略陈其义,列之于后。

《尚书》家者,其先出于太古。《易》曰"河出《图》,洛出《书》,圣人则之"⑤。故知《书》之所起远矣。至孔子观

---

① 外篇:此指其中的《史官建置》和《古今正史》两篇。② 质文递变:质,朴质;文,文采。指世事变异,有时尚朴质,有时尚文采,质文依次交替变革。 ③ 厥(jué决):其。 ④ 权(què确):约略。 ⑤ 河出《图》、洛出《书》句:相传伏羲时,有龙马从黄河出现,背负河图,伏羲根据它画成八卦。禹治洪水时,上帝赐给他《洪范九畴》(治理天下的九类大法),即《尚书》中的《洪范》,亦即洛书。《史通》把河图、洛书附会为《尚书》的来源。圣人则之:意为圣人效法八卦及九畴。则,效法。

书于周室,得虞、夏、商、周四代之典,乃删其善者,定为《尚书》百篇①。孔安国曰②:"以其上古之书,谓之《尚书》。"《尚书璇玑钤》曰③:"尚者,上也。上天垂文象,布节度,如天行也。"王肃曰④:"上所言,下为史所书,故曰《尚书》也。"推此三说,其义不同。盖《书》之所主,本于号令,所以宣王道之正义⑤,发话言于臣下,故其所载,皆典、谟、训、诰、誓、命之文⑥。至如《尧》、《舜》二典直序人事⑦,

---

①《尚书》百篇:《尚书》,儒家经典之一,主要汇集古代帝王的号令。相传原有三千二百四十篇,经孔子编纂,上断自尧,下止于秦,删成百篇。西汉初存二十八篇,即《今文尚书》。另有汉武帝时发现的《古文尚书》和东晋梅赜献的伪《古文尚书》两种。今本《尚书》是《今文尚书》和伪《古文尚书》的合编,共五十八篇。 ②孔安国:西汉经学家,孔子后裔。《汉书》有传。 ③《尚书璇玑钤》:西汉末,经师以神学迷信附会儒家经典,对经而言,称为"纬"书。《璇玑钤》是《尚书纬》的一种,原书已佚。这里的引文,用来解释"尚"字的涵义。 ④王肃(195—265):三国魏著名经学家。字子雍,东海(今山东郯城北)人。事见《三国志·魏书·王肃传》。 ⑤王道:儒家称以仁义治天下为王道。 ⑥典、谟、训、诰、誓、命:《尚书》中有《尧典》、《皋陶谟》、《伊训》、《大诰》、《汤誓》、《顾命》等。 ⑦《尧》、《舜》二典:《尧典》,《尚书》篇名。记载尧、舜禅让事迹。今本《尚书》分出《尧典》下半,加二十八字,另成一篇,称《舜典》。

《禹贡》一篇唯言地理①,《洪范》总述灾祥②,《顾命》都陈丧礼③,兹亦为例不纯者也④。

又有《周书》者⑤,与《尚书》相类,即孔氏刊约百篇之外,凡为七十一章。上自文、武,下终灵、景。甚有明允笃诚⑥,典雅高义;时亦有浅末恒说,滓秽相参,殆似后之好事者所增益也。至若《职方》之言⑦,与《周官》无异⑧;

---

①《禹贡》:《尚书》篇名。叙述黄河、长江两大流域的山脉、河流、薮泽、土壤、物产、贡赋、交通,总结战国中叶以前的地理知识。 ②《洪范》:《尚书》篇名。"洪范"意即"大法",分为"九畴"即(九类)。根据天的意志和水、火、木、金、土"五行"学说来解释自然现象、人事吉凶以及封建等级制度。 ③《顾命》:《尚书》篇名。记周成王临终时命召公、毕公率诸侯辅相康王事。 ④ 为例不纯:上文说"《书》之所主,本于号令"。《尚书》应是记言家,而其中《尧典》等篇杂记人事、地理、灾祥、丧礼,与记言的体例不符。清代章学诚《文史通义》认为,《尚书》中典、谟这类文体,记事也有言;训、诰这类文体,记言也见事,事与言未可截然分开,不同意刘氏对《尚书》"为例不纯"的批评。 ⑤《周书》:《逸周书》的简称。记载周代历史的先秦典籍,近人以为中多战国时拟周代诰誓辞命之作。 ⑥ 允:信。笃:厚。 ⑦《职方》:即《逸周书》的《职方解》。叙述四方山川地理、经济风俗等。 ⑧《周官》:即《周礼》,儒家经典之一。记述古代官制,是一部以儒家政治理想排比而成的制度汇编,其中有《职方氏》,与《职方解》内容基本相同。

《时训》之说①,比《月令》多同②。斯百王之正书③,《五经》之别录者也④。……

原夫《尚书》之所记也,若君臣相对,词旨可称,则一时之言,累篇咸载。如言无足纪,语无可述,若此故事,虽有脱略,而观者不以为非。爰逮中叶,文籍大备,必剪截今文,摸拟古法,事非改辙,理涉守株⑤。故舒元所撰《汉》、《魏》等书,不行于代也。若乃帝王无纪,公卿缺传,则年月失序,爵里难详,斯并昔之所忽,而今之所要。如君懋《隋书》,虽欲祖述商、周,宪章虞、夏,观其所述,乃似《孔子家语》⑥、临川《世说》⑦,可谓画虎不成反类犬

---

①《时训》:即《逸周书》的《时训解》,记载天象、时令节气的变化。 ②《月令》:《礼记》篇名。《时训解》实际是《月令》的节文。 ③百王之正书:百王,指历代帝王。正书,旧时称经史为正书。 ④《五经》:儒家的五部经典著作,即《易》、《书》、《诗》、《礼》、《春秋》。 ⑤守株:用"守株待兔"故事比喻墨守成规而不知变通。株,露在地面上的树木根茎。有个耕田的人,见田中有株。兔子奔跑,撞在上面,把颈项撞断死去,因而放弃耕田而守在株旁,希望再得到兔子。兔子不可能再得到,自己却被大家笑话。见《韩非子·五蠹》。 ⑥《孔子家语》:《汉书·艺文志》著录《孔子家语》二十七卷。原书已佚,今本十卷系魏王肃伪纂。 ⑦临川《世说》:指南朝宋临川王刘义庆所撰的《世说新语》。分德行、言语、政事、文学等三十六门。主要记载汉晋以来士大夫的言谈、轶事。

也①。故其书受嗤当代,良有以焉。

《春秋》家者②,其先出于三代。案《汲冢琐语》记太丁时事③,目为《夏殷春秋》。孔子曰:"疏通知远,《书》教也";"属辞比事,《春秋》之教也。"知《春秋》始作,与《尚书》同时。……《孟子》曰:"晋谓之乘,楚谓之梼杌,而鲁谓之春秋,其实一也④。"然则乘与纪年⑤、梼杌皆春秋之别名者乎!故《墨子》曰"吾见百国春秋",盖指此也。

逮仲尼之修《春秋》也,乃观《周礼》之旧法,遵鲁史之遗文;据行事,仍人道;就败以明罚,因兴以立

---

① 画虎句:《后汉书·马援传》载援教诫兄子语。原文"犬"作"狗"。　②《春秋》:儒家经典之一,孔子删修的鲁国编年体史书,是自鲁隐公元年(前722)至鲁哀公十四年(前481)二百四十二年的大事记。　③《汲冢琐语》:晋太康二年(281),汲郡人不(fōu 否阴平)準盗发战国时魏襄王墓(或言安釐王冢),得竹书数十车,后人称为"汲冢书",其中有《琐语》十一篇,系诸国卜梦相妖书。见《晋书·束晳传》。今佚。太丁,商汤到纣共十七代三十王之一。　④ 乘、梼杌(táo wù 桃误)、春秋:几个国家的史书别名,又通称为春秋。《孟子》原书,"乘"、"梼杌"、"春秋"前都无"谓"字。　⑤ 纪年:即《竹书纪年》,在汲冢发现,共十三篇。记夏、商至西周幽王被犬戎所灭以前,并及春秋时晋国、战国时魏国史事。参见本文注。原书已佚。今本《竹书纪年》系后人纂辑伪记。

功；假日月而定历数，籍朝聘而正礼乐；微婉其说，隐晦其文；为不刊之言，著将来之法，故能弥历千载，而其书独行。

又案儒者之说《春秋》也，以事系日，以日系月；言春以包夏，举秋以兼冬，年有四时，故错举以为所记之名也。苟如是，则晏子①、虞卿②、吕氏③、陆贾④，其书篇第，本无年月，而亦谓之春秋，盖有异于此者也。

至太史公著《史记》，始以天子为本纪，考其本旨，如法《春秋》。自是为国史者，皆用斯法。然时移世异，体式不同。其所书之事也，皆言罕褒讳，事无黜陟，故马迁所谓整齐故事耳，安得比之于《春秋》哉⑤！

---

① 晏子：春秋时齐国大夫，名婴，字平仲，夷维（今山东高密）人。《晏子春秋》，旧题晏婴撰。 ② 虞卿：据《史记》本传，虞卿是战国时游说之士，曾任赵上卿，后不得意而去，著书八篇，称《虞氏春秋》。书已佚。 ③ 吕氏：吕不韦（？—前235），战国末年卫国濮阳（今河南濮阳西南）人。为秦相，曾命宾客编著《吕氏春秋》，汇合先秦各派学说。书分八"览"、六"论"、十二"纪"，故又称《吕览》。 ④ 陆贾：汉初政论家，楚人。所撰《楚汉春秋》，共九篇。记录楚、汉相争及西汉惠、文二帝时事。书已佚。 ⑤ 比之于《春秋》：《史记·太史公自序》："余所谓述故事，整齐其世传，非所谓作也；而君比之于《春秋》，谬矣。"是司马迁自谦之词。

《左传》家者，其先出于左丘明①。孔子既著《春秋》，而丘明受经作传。盖传者，转也，转受经旨，以授后人。或曰传者，传也②，所以传示来世。案孔安国注《尚书》，亦谓之传，斯则传者，亦训释之义乎。观《左传》之释经也，言见经文而事详传内，或传无而经有，或经阙而传存。其言简而要，其事详而博，信圣人之羽翮③，而述者之冠冕也。

逮孔子云没，经传不作。于时文籍，唯有《战国策》及《太史公书》而已④。至晋著作郎鲁国乐资，乃追采二史，撰为《春秋后传》。其书始以周贞王续前传鲁哀公后，至王赧入秦，又以秦文王之续周，终于二世之灭，合成三十卷。当汉代史书，以迁、固为主，而纪传互出，表志相重，于文为烦，颇难周览。至孝献帝，始命荀悦撮其书为编年体，依《左传》著《汉纪》三十篇⑤。自是每代国

---

①《左传》家：《左传》，旧说左丘明所撰。《春秋》只有事目，《左传》详述原委，且严格以春秋年、月、日为序，刘知几遂以《左传》家为编年史之代表。②传（zhuàn篆）者，传（chuán船）也：用传示后人，来解释命名传的原由。③羽翮：即羽茎。④《太史公书》：即司马迁的《史记》。⑤荀悦（148—209）：字仲豫，东汉时史学家，颍川颍阳（今河南许昌）人。受献帝命，按照《左传》编年体改编《汉书》，写成《汉纪》三十卷。

史，皆有斯作，起自后汉，至于高齐。如张璠①、孙盛②、干宝③、徐贾④、裴子野⑤、吴均⑥、何之元⑦、王劭⑧等，其所著

---

① 张璠(fán 烦)：约为魏、晋时人。曾撰《后汉纪》三十卷，为晋袁宏撰《后汉纪》的依据。书今佚。 ② 孙盛：字安国，晋中都(今山西平遥西南)人。东晋时曾任佐著作郎，所著《晋阳秋》，直书当时大将桓温在枋头战役中失败事，桓温以灭族相胁迫，仍坚持不改，世称良史。撰有《魏氏春秋》三十卷、《晋阳秋》三十卷。书今佚。《晋书》有传。 ③ 干宝：字令升，东晋河西新蔡(今河南新蔡)人。曾任著作郎，领国史。著《晋纪》二十卷。记司马懿至晋愍帝时事。书今佚。事见《晋书·干宝传》。 ④ 徐贾：其人其书俱无考。浦起龙《史通通释》考证，徐贾当系徐广之讹。据《宋书·徐广传》：广字野民，宋东莞(今山东莒县)人，撰《晋纪》四十六卷。书今佚。 ⑤ 裴子野(467—528)：字几原，南朝河东闻喜(今山西闻喜)人。梁武帝时，官著作郎兼中书通事舍人。因其曾祖裴松之曾续修何承天《宋史》未成，乃更撰《宋略》二十卷。另有文集二十卷，今俱佚。《梁书》、《南史》均有传。 ⑥ 吴均(469—520)：字叔庠，南朝时吴兴故鄣(今浙江湖州南)人。善属文。梁武帝时，撰《齐春秋》三十卷，为编年体齐史。又撰《通史》，起三皇，迄萧齐，已起草本纪、世家、列传，但未成全书而卒。事见《梁书》、《南史》本传。 ⑦ 何之元：南朝时庐江灊(今安徽霍山东北)人。曾撰《梁典》三十卷，记梁武帝至敬帝时事。书今佚。《陈书》、《南史》均有传。 ⑧ 王劭：这里指王劭所撰编年体《齐志》十卷。劭字君懋，太原(今山西太原市西)人。撰有《隋书》八十卷。多录口谕和俚语。刘知几以为可推究风俗、语言的异同和变迁，"足以开后进之蒙蔽，广来者之耳目"(见本书《叙事》、《载文》)。劭书已佚，事见《隋书·王劭传》。

书,或谓之春秋,或谓之纪,或谓之略,或谓之典,或谓之志。虽名各异,大抵皆依《左传》以为的准焉。

《国语》家者,其先亦出于左丘明。既为《春秋内传》①,又稽其逸文,纂其别说,分周、鲁、齐、晋、郑、楚、吴、越八国事,起自周穆王,终于鲁悼公,别为《春秋外传国语》,合为二十一篇。其文以方《内传》,或重出而小异。然自古名儒贾逵②、王肃③、虞翻④、韦曜⑤之徒,并申以注释,治其章句,此亦《六经》之流⑥,《三传》之亚也⑦。

---

① 《春秋内传》:《内传》指《左传》,下文《春秋外传》指《国语》。 ② 贾逵(30—101):东汉著名的古文经学家。字景伯,扶风平陵(今陕西咸阳西北)人。撰有《左氏传解诂》三十篇,《国语解诂》二十篇等,已佚。事见《后汉书·贾逵传》。 ③ 王肃:这里指肃撰的《春秋外传章句》。已佚。 ④ 虞翻(164—233):三国吴经学家。字仲翔,会稽余姚(今浙江余姚)人。撰有《国语注》等,今俱佚。事见《三国志·吴书·虞翻传》。 ⑤ 韦曜(204—273):即韦昭,陈寿《三国志》避司马昭讳改。字弘嗣,三国时吴国吴郡云阳(今江苏丹阳)人。官太子中庶子,封陵亭侯,常领左国史。韦昭参考东汉郑众、贾逵、三国吴虞翻、唐固等五家《国语》注,并自发正三百零七事,撰成《国语》注,是现存最早的《国语》注本。事见《三国志·吴书·韦曜传》。 ⑥ 《六经》:即《易》、《书》、《经》、《礼》、《乐》、《春秋》。 ⑦ 《三传》:即《春秋左氏传》、《春秋公羊传》、《春秋穀梁传》。

暨纵横互起，力战争雄，秦兼天下，而著《战国策》①。其篇有东西二周、秦、齐、燕、楚、三晋②、宋、卫、中山，合十二国，分为三十三卷。夫谓之策者，盖录而不序，故即简以为名。或云，汉代刘向以战国游士为之策谋，因谓之《战国策》。

……

自魏都许、洛③，三方鼎峙。晋宅江、淮④，四海幅裂。其君虽号同王者，而地实诸侯。所在史官，记其国事，为纪传者则规模班、马，创编年者则议拟荀、袁⑤。于是《史》《汉》之体大行，而《国语》之风替矣。

---

①《战国策》：战国时游说之士的策谋和言辞的汇编。西汉末刘向将原有的《国策》、《国事》、《事语》等名称和本子，编订为《战国策》三十三篇。记春秋以后，迄楚汉的兴起，二百五十年间事。刘向（约前71—前6）：西汉经学家和目录学家。字子政，沛（今江苏沛县）人。汉宗室。　②三晋：春秋末晋国的卿韩、赵、魏三家瓜分晋国，是为战国时的韩、赵、魏三国，所以称为三晋。　③魏都许、洛：东汉末，曹操挟持汉献帝迁都许昌；魏文帝代汉，又建都洛阳。　④晋宅江淮：东晋建都建康（今南京），常以江、淮同北方分界。　⑤荀、袁：指撰《前汉纪》的荀悦和撰《后汉纪》的袁宏。袁宏（328—376）字彦伯，小字虎。阳夏（今河南太康）人。东晋文学家、史学家。宏仿荀悦《汉纪》例，以张璠《后汉纪》为底本，增补附益，撰成《后汉纪》三十卷。另撰有《竹林名士传》三卷。事见《晋书·袁宏传》。

《史记》家者①,其先出于司马迁。自《五经》间行,百家竞列,事迹错糅②,前后乖舛。至迁乃鸠集国史,采访家人③,上起黄帝,下穷汉武;纪传以统君臣,书表以谱年爵,合百三十卷。因鲁史旧名,目之曰《史记》④。自是汉世史官所续,皆以《史记》为名。迄乎东京著书,犹称《汉纪》⑤。

……

寻《史记》疆宇辽阔,年月遐长,而分以纪传,散以书表,每论家国一政,而胡、越相悬⑥;叙君臣一时,而参、商

---

①《史记》家:《史记》是纪传家之祖,刘知几认为它以"通古"为体,故立为一家。 ②错糅:交错杂乱。 ③采访家人:即采取平民之家的私门著述,俗语百家之言。 ④因鲁史句:刘知几认为鲁史旧名史记。春秋是鲁史名,史记是诸侯国史的共名。 ⑤东京句:东京,东汉的代称。东汉都洛阳,在西汉都城长安之东,故名。《汉纪》:指《东观汉纪》,为纪传体东汉史。班固等在明帝时撰《世祖本纪》、《功臣列传》、《载记》共二十八篇。汉安帝又诏刘珍、李尤等在东观(洛阳宫殿名,是当时修史处)撰写《汉纪》。至桓帝、灵帝时止,先后有伏无忌、蔡邕、卢植等二十余人参加修撰,历时一百六十余年,编成《汉纪》一百四十三卷。《隋书·经籍志》始定为《东观汉纪》。原书已佚,今存辑本。 ⑥胡、越相悬:胡、越是古代对北方和南方少数民族的泛称。这里借喻通史的《史记》所叙年月太长,致使同一史事往往记载得非常分散。

是隔①。此其为体之失者也。兼其所载，多聚旧记，时采杂言，故使览之者事罕异闻，而语饶重出。此撰录之烦者也。……

《汉书》家者②，其先出于班固③。马迁撰《史记》，终于今上④。自太初已下，阙而不录。班彪因之，演成《后纪》⑤，以续前编。至子固，乃断自高祖，尽于王莽，为十二纪、十志、八表、七十列传，勒成一史，目为《汉书》。昔虞、夏之典，商、周之诰，孔氏所撰，皆谓之"书"。夫以"书"为名，亦稽古之伟称。寻其创造，皆准子长，但不为"世家"，改"书"曰"志"而已。自东汉以后，作者相仍，皆袭其名号，无所变革，唯《东观》曰"记"，《三国》曰"志"。然称谓虽别，而体制皆同。

历观自古，史之所载也，《尚书》记周事，终秦穆，《春

---

① 参(shēn 申)、商是隔：参、商，星宿名。参星在西方，商星在东方，出没不相见，借喻人物不能相遇。 ②《汉书》家：《汉书》是断代史的最早代表作，纪传体。 ③ 班固（32—92）：东汉史学家。字孟坚，扶风安陵（今陕西咸阳东北）人。后为兰台令史、典校秘书。奉诏完成其父班彪的《史记后传》后，又经二十余年修成《汉书》。文辞渊雅，叙事详赡；继司马迁之后整齐了纪传体史书的形式，并开创了"包举一代"的断代史的体例。书未成而班固卒，八表及《天文志》稿本散乱，由其妹班昭及马续奉诏续修完成。 ④ 今上：指汉武帝。 ⑤《后纪》：指《史记后传》。

秋》述鲁文,止哀公,《纪年》不逮于魏亡①,《史记》唯论于汉始。如《汉书》者,究西都之首末②,穷刘氏之废兴,包举一代,撰成一书。言皆精练,事甚该密,故学者寻讨,易为其功。自尔迄今,无改斯道。

于是考兹六家,商榷千载,盖史之流品,亦穷之于此矣。而朴散淳销,时移世异。《尚书》等四家,其体久废,所可祖述者,唯《左氏》及《汉书》二家而已。(节选)

【翻译】

古来帝王编撰记述文书典籍的情况,本书外篇里已经谈得够详尽了。古今往来,世事变异,质文也交替变革,各种历史著作的体例,不能固定不变。大略地加以论说,它的演变,可以分成六家:一是《尚书》家,二是《春秋》家,三是《左传》家,四是《国语》家,五是《史记》家,六是《汉书》家。现在简略地陈述他们的概况,分列在后面。

《尚书》家,它来源于远古。《易经》说:"河出《图》,洛出《书》,圣人效法它们。"由此知道《尚书》的起源是很久远的了。到了孔子在周朝王室观看各种文献材料,得

---

①《纪年》:《纪年》指《竹书纪年》。 ② 西都:西汉都城长安,在东汉都城洛阳的西边,后人因以西都或西京通称西汉。

到虞、夏、商、周四代的典籍，于是节取其中好的，定为《尚书》百篇。孔安国说："因为它是上古的书，称它为《尚书》。"《尚书璇玑钤》说："尚就是上。上天垂示文理征象，陈列节序度数，好像上天按自己的意志在运行。"王肃说："帝王说的话，下为史官所记录，所以称为《尚书》。"推究这三种说法，它的意思不一样。大概《尚书》的主要内容，本在发号施令，是为了宣扬王道的正义而对臣子们发表的谈话，所以它所记载的，都是典、谟、训、诰、誓、命这类文体。至于像《尧》、《舜》二典直叙人事，《禹贡》一篇只谈地理，《洪范》统统记述灾祥，《顾命》大都铺陈丧礼，这些也就是《尚书》记言体例不纯的地方了！

又有《逸周书》，和《尚书》相类似，就是孔子删定百篇以外的，总共为七十一章。上起自文王、武王，下终于灵王、景王。内容明确可靠，浑厚真实，文辞典雅，义理高深，但也有肤浅陈旧的说法，一些糟粕参杂在里面，大概像是后来好事的人所增补的。至于像其中《职方》篇的文字内容，和《周礼》没什么区别；《时训》篇，又与《月令》大多相同。这是历代帝王的经史，《五经》以外的同类记载。

……

原来《尚书》所记载的，如果君臣互相对答，言辞意义都好，虽是一时的言谈，连用好多篇幅全都记载下来。如果言辞不值得记载叙述，像这样的旧事，虽有遗漏，读者也不以为不对。到了中叶，文字典籍大大地完备了，还一定要裁节当今的文辞去摸拟古时的作法，于事理不知变通，一味墨守成规，所以孔舒元所编撰的《汉》《魏》等书，就不流行于后代。假如帝王没有纪，公卿缺少传，就会使年月失掉顺序，爵位乡邑不易详悉，这都是以往所忽略，而现在所重视的。如像王君懋的《隋书》，虽然想要遵循商、周，效法虞、夏的史笔，但看他著述的体裁风格，竟像《孔子家语》、临川王的《世说》，可说是"画虎不成，反类狗"，所以他的书受到当代人的讥笑，确有原因啊。

《春秋》家，它最先出现在夏、商、周三代。按照《汲冢琐语》记载太丁当时的事，称为《夏殷春秋》。孔子说："沟通古今，了解往事，是《尚书》的教化"；"连缀文辞排列史事，是《春秋》的教化。"从这里得知《春秋》开始著作，和《尚书》同时。……孟子说："晋国的乘，楚国的梼杌，鲁国的春秋，其实是同一种书。"那么乘和纪年、梼杌，恐怕都是春秋的别名吧！所以墨子说"我看见过百国春秋"，大概都是指这些吧！

到了孔子编纂《春秋》，于是考察周代礼仪的旧法。遵照鲁国史书的遗文；根据行事，依照人道；从失败以判明处罚,由兴盛而确立功劳;凭借日月而确定推算岁时节候的次序,依靠定期朝见天子而正礼乐制度;使他的言论含蓄委婉,使他的文辞隐晦不明显;成为不可磨灭的言论,彰明将来的规范,所以能够长久地经历千年,而他的著述能独行于世。

又考儒家学者的解释春秋,用事依附于日,用日连缀着月;说春以包括夏,举秋以兼顾冬,一年有四时,所以交错举出作为所要记述的名称。假如是这样,那么《晏子春秋》《虞氏春秋》《吕氏春秋》《楚汉春秋》,它们的篇章次序,本来没有年月,却也称做春秋,那就名不符实了。

到太史公撰写《史记》,开始把天子的事迹写为本纪,考查这种写法的宗旨,有如往昔的《春秋》。自此撰写国史的,都用这种方法。然而时代变化,体裁格式不同。他们所记述的事情,都是言论少有赞许忌讳,事情没有降升抑扬,所以司马迁自己也说"整理旧事而已,如何能与《春秋》相比呢"!

《左传》家,它最早出于左丘明。孔子著《春秋》之后,左丘明承受《春秋》经而作《左传》。传,意义源于转,把所接受的经的旨意,用以转授给后人。又有的人说传,意义源于传,用来流传后世。根据孔安国注释《尚书》来看,也称为传,那末,传也就是解释的意思了。观看《左传》的解释经义，言辞见于经文而事情的详细情况却在传里，或者是传里没有的而经文里有，又或是经文没有的而传里有。它的言辞简略而切要，它的记事详细而广博，确实是圣人的羽翼辅佐，释经著作中的首位。

到孔子逝世后，再没有传经的著作了，当时的历史典籍，只有《战国策》和《太史公书》罢了。到了晋朝著作郎鲁国乐资，又收集有关这二史的资料加以补充，编纂成《春秋后传》。他的书从周贞王开始连接《左传》鲁哀公以后，到王赧入秦，又以秦文王连接周代，终止于秦二世的灭亡，合成三十卷。在汉朝史书中，以司马迁、班固为主，纪和传、表和志内容不免互相重复，文辞繁多，很难作周详的观览。到孝献帝，才命荀悦撮合班、马二书为编年体，依照《左传》著成《汉纪》三十篇。从此以后每代国史，都有这种著作，起自后汉，至于高齐。如像张璠、孙盛、干宝、徐广、裴子野、吴均、何之元、王劭等，他们所著的史书，或称它为春秋，或叫作纪，或称为略，或称为典，或叫作志。虽然名称各不相同，大致都是依照《左传》作为标准的。

《国语》家，它最先也出于左丘明，他作了《春秋内传》(《左传》)之后，又考核那些用剩下来的史料，编纂其他的说法，分为周、鲁、齐、晋、郑、楚、吴、越八国史事，起自周穆王，止于鲁悼公，另编为《春秋外传国语》，合为二十一篇。它的文辞和《左传》相比,有的重复而稍微不同。然而自古名儒贾逵、王肃、虞翻、韦曜这些人,都一再加以注释,研究它的章句,这也是《六经》的源流,仅次于《三传》的地位。

到了战国纵横之术兴起,各国尽力征战,争相称雄,秦国不断兼并天下,因之而有《战国策》著作的出现。其书三十三篇,有东西二周、秦、齐、燕、楚、三晋、宋、卫、中山共十二国,分为三十三卷。之所以称为"策",大概是因为只记录其事而不按时序编排,所以就用记事的简策作为它的名称。或者说,汉代刘向以为战国游士辅佐所用之国,为它们出谋划策,因而称它为《战国策》。

自从曹魏建都许昌、洛阳,三国鼎立对峙;东晋安居江、淮一带,天下分裂。那些君主虽然称号同帝王一样,然而国土的范围实际上却与诸侯一样。所在国的史官,记录它的国事,作纪传的就摹仿班固、司马迁,创编年体的就仿效荀悦、袁宏。于是《史记》、《汉书》的纪传体大行于世,而仿效《国语》国别体的风气就衰落了。

《史记》家,它最早出于司马迁。自战国以来《五经》不能通行,百家竞争,事迹错乱,前后抵触。到司马迁的时候于是收集历代国史,百家之言,采访平民俗语,上起黄帝,下止汉武,用纪传总领君臣,用书表编排年月爵位,合为一百三十卷。沿袭鲁国史书的旧名,称它为《史记》。从此汉代史官所续史书，都以《史书》为名。到了东汉时著书，仍然称为《汉纪》。

……

探求《史记》所载疆域广大，时间久远，而又分为纪传、书、表。每论述国家一时的政事，有如南北的遥远；叙述同时的君臣，有如东西的间隔。这是它体例的不足之处。同时它所记载的，多是收集以往的史书旧闻，只间或插入一些杂谈琐语，使阅览此书的人很少了解不同的史事见闻，而且言语多重复出现。这是它撰记的烦杂之处。……

《汉书》家，它先出于班固。司马迁著《史记》，终止于汉武帝。自汉武帝太初以下，缺而没有记载。班彪沿袭《史记》，推演成《后记》，与《史记》相衔接。到他儿子班固，于是限定范围起自汉高祖，终止于王莽，分为十二纪、十志、八表、七十列传，编撰成为一部断代史，名为《汉书》。从前虞、夏的典，商、周的诰，以及孔子所编撰的，都称为"书"。用"书"命名，也是根据古代留传下来的美好名称。探究"书"的创造，那都是以司马迁的《史记》作为准绳，只是不写"世家"，把"书"称作"志"罢了。从东汉以后，作者相继效仿，都沿袭它的名称，没有变革，只是《东观》叫"记"，《三国》称"志"。然而名称虽然有所区别，体裁却大都相同。

遍观自古以来,史书所记载的,《尚书》记录周朝的事情,终于秦穆公,《春秋》记述鲁国史事,止于鲁哀公,《竹书纪年》没有写到魏亡就终止了,《史记》只论述到汉朝的开始。而《汉书》就不同,探讨了西汉史事的始末,详察了刘氏王朝的兴废,统括一代,著成一书。言辞精炼,记事完备,因此学者探讨,容易收到效果,从那时到今天,都不能改变这断代史的体例。

考察这六家,商讨千年来史书的类别,也就只是这些了。然而淳朴的风习消失了,时代变化不同了,《尚书》《春秋》《国语》《史记》等四家,它们的体例久已废弃,可以效法遵循的,只有《左传》和《汉书》两家罢了。

二　体

　　自从左丘明撰成编年体《左传》和司马迁创立纪传体《史记》以后，直到唐代，历史学家的著作，大体上都采用这两种体裁。刘知几在《二体》篇中，对已往史书的编写体例进行了一次总结。他以《左传》和《史记》为例，比较了编年和纪传两种体裁，认为它们各自有长短，应当"并行于世"。但后世人事日繁，后代史家不能沿袭前人的纪事体例，只有用它们来表现断代史，才更完善。所以，他特别推崇班固的《汉书》和荀悦的《汉纪》。

三、五之代，书有《典》、《坟》①，悠哉邈矣②，不可得而详。自唐、虞以下迄于周，是为《古文尚书》③。然世犹淳质，文从简略，求诸备体，固以阙如。既而丘明传《春秋》④，子长著《史记》，载笔之体，于斯备矣。后来继作，相与因循，假有改张⑤，变其名目，区域有限，孰能逾此！盖荀悦、张璠⑥，丘明之党也；班固、华峤⑦，子长之流也。惟此二家，各相矜尚⑧。必辨其利害，可得而言之。

夫《春秋》者⑨，系日月而为次，列时岁以相续，中国外夷，同年共世，莫不备载其事，形于目前。理尽一言，语无重出。此其所以为长也。至于贤士贞女，高才俊

---

① 典、坟：即《三坟》、《五典》，传说中我国最古的书籍。伏羲、神农、黄帝的书称为《三坟》，少昊、颛顼、高辛、唐（尧）、虞（舜）的书叫做《五典》。　②悠、邈：都是久或远的意思。③《古文尚书》：据说汉武帝时在孔子故宅壁中发现《尚书》，比《今文尚书》多十六篇。因用战国时六国文字"古文"书写，故名《古文尚书》。　④传（zhuàn篆）：用作动词，意为阐述、解释。　⑤改张：即改弦更张。改换琴弦，重新安上，比喻变革体制或方法。　⑥荀悦（148—209）：字仲豫，东汉时史学家，颍川颍阴（今河南许昌）人，曾按编年体改编《汉书》，成《汉纪》三十卷。张璠：晋朝人。著《后汉记》三十卷。　⑦华峤（？—293）：字叔骏，西晋史学家，高唐（山东禹城西南）人。著《汉后书》九十七卷。　⑧矜尚：夸耀。　⑨《春秋》：此指《左传》。

德,事当冲要者①,必盱衡而备言②;迹在沉冥者③,不枉道而详说④。如绛县之老⑤,杞梁之妻⑥,或以酬晋卿而获记,或以对齐君而见录。其有贤如柳惠⑦,仁若颜回⑧,终不得彰其名氏⑨,显其言行。故论其细也,则纤芥无遗⑩;语其粗也,则丘山是弃。此其所以为短也。

《史记》者,纪以包举大端,传以委曲细事⑪,表以谱列年爵⑫,志以总括遗漏,逮于天文、地理、国典、朝章,显隐必该⑬,洪纤靡失。此其所以为长也。若乃同为一事,

---

① 当冲事要:指事关国政。 ② 盱衡:举眉扬目。后亦谓观察。 ③ 迹在沉冥:此指无关国政。 ④ 枉道:曲道。 ⑤ 绛县之老:春秋时晋国绛县的一个老人,已经七十三岁了,还去参加筑杞城。后来晋国的正卿赵武召见他,向他致谢,给以田地,还让他做了个小官。事见《左传·襄公三十年》,下文"以酬晋卿而获记",即指此事。 ⑥ 杞梁之妻:杞梁名植,春秋时齐国大夫,从齐庄公袭莒,被俘而死。庄公归,梁妻孟姜到郊外迎丧,庄公派人向她哀吊,她认为违礼,辞而不受。事见《左传·襄公二十三年》。下文"以对齐君而见录",即指此事。 ⑦ 柳惠:即柳下惠,展氏,名获,字禽。食邑在柳下,谥惠。春秋时鲁国大夫。曾官士师(治狱官),为人正直,人们称他为贤者。 ⑧ 颜回(前521—前490):春秋鲁国人。字子渊,又称颜渊。孔子弟子,以仁德著称。 ⑨ 彰:明著,显耀。 ⑩ 纤芥:细微的意思。 ⑪ 委曲:用作动词,指记叙事情的底细和原委。 ⑫ 谱列:用表格形式排列记载。 ⑬ 该:通赅,详细完备。

分在数篇，断续相离，前后屡出，于《高纪》则云语在《项传》①，于《项传》则云事具《高纪》。又编次同类，不求年月，后生而擢居首帙②，先辈而抑归末章，遂使汉之贾谊将楚屈原同列③，鲁之曹沫与燕荆轲并编④。此其所以为短也。

考兹胜负，互有得失。而晋世干宝著书⑤，乃盛誉丘明而深抑子长，其义云：能以三十卷之约，括囊二百四十年之事⑥，靡有遗也。寻其此说，可谓劲挺之词乎？案春秋时事，入于左氏所书者，盖三分得其一耳。丘明自知其略也，故为《国语》以广之⑦。然《国语》之外，尚多亡逸，安得言其括囊靡遗者哉？向使丘明世为史官，皆仿

---

①《高纪》：指《史记·高祖本纪》。《项传》：指《史记·项羽本纪》。　②擢：提升。首帙(zhì至)：卷首。　③贾谊（前200—前168）：汉朝政论家、文学家。著《新书》及《过秦论》等。屈原（约前340—约前278）：名平，字灵均，战国时楚国的伟大诗人。著有《离骚》、《九章》等。　④曹沫：即曹刿，春秋时鲁国人。荆轲：战国末期刺客。卫国人。燕太子丹为复秦仇，尊轲为上卿，派他去刺秦王政（秦始皇）。　⑤干宝著书：见《六家》篇注。　⑥括囊：包罗。　⑦为《国语》以广之：《史通》作者认为《国语》是左丘明为弥补《左传》的不足而撰写的。

《左传》也,至于前汉之严君平、郑子贞①,后汉之郭林宗、黄叔度②,晁错、董生之对策③,刘向、谷永之上书④,斯并德冠人伦⑤,名驰海内,识洞幽显⑥,言穷军国。或以身隐位卑,不预朝政⑦;或以文繁事博,难为次序⑧。皆略而不书,斯则可也。必情有所吝,不加刊削,则汉氏之志传百卷,并列于十二纪中,将恐碎琐多芜,阑单失力者

① 严君平、郑子贞:都是西汉时隐士。严君平,西汉蜀人,名遵。卖卜于成都,日阅数人,得百钱足以自养,就闭店下帘而授《老子》。郑子贞,名朴。西汉成帝时大将军王凤曾以礼相聘,被他拒绝。 ② 郭林宗(128—169)名泰:东汉介休(今山西介休东南)人。东汉末为太学生首领,不受官府征召。在家闭门教书,有弟子数千。黄叔度:名宪,东汉慎阳(今河南正阳北)人。他不应官府征召,以"德行"著名,深得郭泰称誉。 ③ 晁错(前200—前154):颍川(今河南禹州)人。西汉政治家,主张巩固中央集权制度,为汉景帝所采纳。所著政论《论贵粟疏》等文,文笔犀利,分析深刻。董生(前179—前104):即董仲舒,广川(今河北枣强东)人。西汉哲学家,景帝时为博士。武帝即位,以贤良对策。 ④ 刘向:刘向曾多次上书,劾奏外戚专权。详见《六家》注。谷永:(?—前10)字子云,西汉长安(今西安附近)人,善言阴阳灾异,曾多次上疏论时政得失。 ⑤ 德冠人伦:意指品德超群。 ⑥ 识洞幽显:才识可以洞察一切。 ⑦ "或以身隐"二句:指严君平、郑子贞、郭林宗、黄叔度诸人。 ⑧ "或以文繁"二句:指晁错、董仲舒、刘向、谷永等人。

矣①。故班固知其若此,设纪传以区分,使其历然可观,纲纪有别。荀悦厌其迂阔,又依左氏成书,剪裁班史,篇才三十,历代褒之,有逾本传②。

然则班、荀二体,角力争先③,欲废其一,固亦难矣。后来作者,不出二途④。故晋史有王、虞⑤,而副以干《纪》⑥;《宋书》有徐、沈⑦,而分为裴《略》⑧。各有其美,并行于世。异夫令升之言,唯守一家而已。(节选)

【翻译】

　　三皇、五帝的时代,就有《三坟》、《五典》的文献,它是很久远的啦,无法获得详细的了解。自唐尧、虞舜以下,到了周代,有《古文尚书》。然而当时世道仍纯朴古

---

① 阑单失力:指松散无力。阑单,力尽疲乏的样子。
② 本传:指《汉书》。 ③ 角力:比武,此指竞赛。 ④ 二途:指编年、纪传两种编写史书的途径。 ⑤ 王、虞:指王隐、虞预。王隐,字处叔,陈郡(今河南淮阳)人。著有《晋书》八十九卷。虞预,字叔宁,余姚(今浙江余姚)人。亦著《晋书》五十八卷。两书皆为纪传体。 ⑥ 干《纪》:指干宝《晋纪》。编年体。
⑦ 徐、沈:徐指南朝宋徐爰,字长玉,琅邪开阳人。著《宋书》六十五卷。沈指南朝梁沈约(441—513),字休文,吴兴(今浙江湖州)人。著有《宋书》一百卷。两书亦为纪传体。
⑧ 裴《略》:指裴子野的《宋略》。此书是根据沈约的《宋书》,用编年体改编的。

质,行文简略,要求体例完备,固属欠缺。此后左丘明阐述《春秋》作《左传》,司马迁著《史记》,历史著作的体裁,到这时才算完备了。后来相继的历史著作,遵循旧的体裁而不改变,假如有所改变,不过变换它的名目。区域自有界限,谁能够逾越呢!荀悦、张璠,是左丘明的追随者;班固、华峤,是司马迁一派的。独这两家,各自夸耀。如果定要辨别它们的长处和短处,是可以谈一下的。

《左传》,系联日月为顺序,排列世代年岁来使前后连接,中原的国家和边远的国家,同年共世,没有不是完全记载它们事迹的,使读者一目了然。一句话就能讲清楚道理,语言没有重复出现。这是它的长处。至于贤士贞女,高才俊德,事关国政的,必定聚精会神地完全加以记载;无关国政的事迹,不迂回迁就去详细叙述。如绛县的老人,杞梁的妻子,或因酬答当权的晋大夫赵武而获得记载,或因对答齐庄公而被记录。其中有贤如柳下惠,仁如颜渊的,竟没有表彰他们的名氏,显扬他们的言行,所以从其小处说,可以称为丝毫没有遗漏;从大处说,丘山也被舍去。这是它的短处。

《史记》,用本纪来统括大的头绪,用列传来记叙事情的底细和原委,用表格的形式来标年月排列世系和爵位,用志来包罗纪传的遗漏,以至天文、地理、国典、朝章,明显隐晦都详尽完备,大小事情不让遗失。这是它显示其长处的原因。至于同为一事，分散在数篇里，截断连续，相互分离，前面后面屡次出现。在《高祖本纪》里，涉及项羽的事，就说在《项羽本纪》里；在《项羽本纪》里，涉及高祖的事，又说事在《高祖本纪》里。又按同类人物编排，不要求年月顺序，后来的排在卷首，先辈反屈附在末章，于是使汉代的贾谊与楚国的屈原同编在一篇，鲁国的曹刿和燕国的荆轲并列在一传。这是它表现为短处的原因。

考查《左传》、《史记》的长处和短处，相互有得有失。可是晋代干宝著《晋纪》，就大大称赞左丘明而狠狠贬抑司马迁。他的意思是，《左传》能用三十卷的简略文章，包罗二百四十年的史事，没有遗漏。推究他的这种说法，难道说得上是强劲有力、令人信服的言论吗？案春秋时事写入左氏记载的，大概三分只占得一分罢了。左丘明也自知它太简略，所以作《国语》来扩展它。然而《国语》之外，还有很多漏掉的，怎能说它包罗无遗了呢？假使左丘明世世代代做史官，全都仿效《左传》著书，那么前汉的严君平、郑子贞，后汉的郭林宗、黄叔度，晁错、董生的对策，刘向、谷永的上书，这些人都是品德超群，名驰海内，才识可以洞察明暗，言论透彻地分析军国大事，但是他们或者因为身隐位卑，不能参预朝政；或者因为文词烦杂记事广博，难为编排，都省略而不记载，这样做是可以的。如果思想感情上有所吝惜,不加删除,那么将有关汉代的志、传百卷,并列在汉帝十二纪中,恐怕会琐碎而杂乱无章,松散无力了。班固知道这种情况,所以设纪、传加以区分,使它清楚明白可观,大纲和细目有区别。荀悦讨厌他迂远而不切实际,又按照《左传》体裁,剪裁班固的《汉书》,编成《汉纪》,才三十篇,历代称赞《汉纪》,说它超过了《汉书》。

那么班固、荀悦两种体裁,竞赛争先,想废除其中的一种,确是困难的了。后来的作者,不出编年、纪传两种途径。所以晋史有王隐、虞预著的纪传体,而辅以干宝的编年体《晋纪》;《宋书》有徐爰、沈约的纪传体,而分出了裴子野的编年体《宋略》。各有它的长处,都流传于后世。可怪的是令升的说法,只遵一家体裁,这哪能行哩!

序　例

本篇专论史书的序和体例。

序用来叙述作者意图和阐明每篇宗旨,古代经典如《书》《传》都有序。刘知几认为《史记》、《汉书》的序,还能保持经序的传统,自范晔《后汉书》开始,矜衒文彩,崇尚繁缛,司马迁、班固史序的原则被忽略了,后来的作者仿效前人,敷衍凑数,每书必序,层迭重出,毫无新意。

刘知几特别强调史书的体例,他认为史书的体例有如国家的法规。史书若没有体例,就没有是非准则。因此要求编纂史书必先立体例。有了体例,内容就必须与之一致。他列举以往史书体例的发展变化状况,评论了各家序例的优劣，对魏收的剽窃贪功，对唐朝编史的文例矛盾一一提出了批评。刘知几对史书体例的这种见解贯穿在《史通》全书中。

孔安国有云：序者，所以叙作者之意也，窃以《书》列典谟，《诗》含比兴①，若不先叙其意，难以曲得其情②。故每篇有序③敷畅厥义。降逮《史》、《汉》，以记事为宗，至于表志杂传，亦时复立序。文兼史体，状若子书，然可与诰誓相参，风雅齐列矣④。

迨华峤《汉后》，多同班氏。如《刘平》、《江革》等传，其序先言孝道，次述毛义养亲。此则《前汉·王贡传》体⑤，其篇以四皓为始也⑥。峤言辞简质，叙致温雅，味其宗旨，亦孟坚之亚欤？

爰泊范晔，始革其流，遗弃史才，矜衒文彩。后来所作，他皆若斯。于是迁、固之道忽诸，微婉之风替矣⑦。

---

① 典谟：指《尚书》中的《尧典》、《大禹谟》等篇。比兴：《诗经》中作诗的两种手法。　② 曲：周全，普遍。　③ 每篇有序：《尚书》、《诗经》每篇前都有序。　④ 诰誓：指《商书》、《周书》中的《汤誓》、《泰誓》、《汤诰》、《康诰》等篇。风雅：指《诗经》中的国风、大雅、小雅。　⑤ 王贡：王吉和贡禹。　⑥ 四皓：秦末隐居在商山的四位老人，即东园公、甪(lù 六)里先生、绮里季、夏黄公。亦称商山四皓。　⑦ 替：断绝。

若乃《后妃》、《列女》、《文苑》、《儒林》，凡此之流，范氏莫不列序。夫前史所有，而我书独无，世之作者，以为耻愧。故上自《晋》、《宋》，下及《陈》、《隋》，每书必序，课成其数①。盖为史之道，以古传今，古既有之，今何为者？滥觞肇迹②，容或可观；累屋重架③，无乃太甚。……

夫史之有例，犹国之有法。国无法，则上下靡定；史无例，则是非莫准。昔夫子修经，始发凡例；左氏立传，显其区域。科条一辨，彪炳可观。降及战国，迄乎有晋，年逾五百，史不乏才，虽其体屡变，而斯文终绝。唯令升先觉，远述丘明，重立凡例，勒成《晋纪》。邓、孙已下④，遂蹑其踪。史例中兴，于斯为盛。若沈《宋》之志序⑤，萧《齐》之序录⑥，虽皆以序为名，其实例也。必定其臧否，徵其善恶，干宝、范晔，理切而多功，邓粲、道鸾⑦，词烦而寡要，子显虽文伤蹇踬⑧，而义甚优长。斯一二家，皆序例之美者。

---

① 课：计算。　② 滥觞肇迹：滥觞、肇都是开始的意思。迹：事业足迹。　③ 累屋重架：意指层次重叠。　④ 邓、孙：邓指邓粲，晋长沙人，著《元明纪》十篇。孙即孙盛，著《魏氏春秋》、《晋阳秋》各三十卷。　⑤ 沈《宋》：指沈约的《宋书》。　⑥ 萧《齐》：指萧子显的《齐书》。　⑦ 道鸾：檀道鸾字万安，南朝宋人，撰《续晋阳秋》。　⑧ 蹇踬（zhì 至）：指文辞迟钝不流畅。蹇，凝滞；踬，困顿。

夫事不师古,匪说攸闻,苟模楷曩贤,理非可讳。而魏收作例,全取蔚宗,贪天之功以为己力,异乎范依叔骏①,班习子长。攘袂公行②,不陷穿窬之罪也③?

盖凡例既立,当与纪传相符。按皇朝《晋书》例云:"凡天子庙号④,唯书于卷末。"依检孝武崩后,竟不言庙曰烈宗。……此并非言之难,行之难也。又《晋》、《齐》史例皆云:"坤道卑柔⑤,中宫不可为纪⑥,今编同列传,以戒牝鸡之晨。"⑦窃惟录皇后者既为传体,自不可加以纪名。二史之以后为传,虽云允惬,而解释非理,成其偶中。所谓画蛇而加足,反失杯中之酒也⑧。……(节选)

---

① 范、叔骏:范,范晔。叔骏,华峤字。 ② 攘(rǎng 壤)袂(mèi 妹):卷起衣袖,形容振奋的样子。 ③ 穿窬(yú 俞):穿,穿壁;窬,门边小洞。本指盗窃行为,此指抄袭窃取别人著作的行为。 ④ 庙号:皇帝死后,在太庙立室奉祀,特立名号,叫庙号,如某祖、某宗等。 ⑤ 坤道:谓妇女。 ⑥ 中宫:即皇后。 ⑦ 牝鸡之晨:即牝鸡司晨,指母鸡报晓。这里指皇后掌权。 ⑧ 画蛇加足句:也作"画蛇添足"。战国时,楚国有祭祀的,只赐给他两个亲近的人一杯酒。这两个人相约:"我们都在地上画蛇,谁先画成,谁就喝这杯酒。"一个人先把蛇画成,左手拿着酒杯,右手还急忙在画,说:"只是脚还没有画好。"另一个人夺去他的酒杯说:"蛇本来就没有脚。"于是把酒喝了。事见《战国策·齐策二》。后用来比喻做事节外生枝,不但无益,反而有害。

【翻译】

孔安国在《尚书序》中有这样的话：序是用来叙述作者意图的。我以为《尚书》列有典谟，《诗经》包含比兴，如果不先叙述作者意图，就不容易完全了解它的真实用意，所以每篇都有序，用来阐述它的意义。后来到了《史记》、《汉书》，本以记事为主，至于其中的表、志、杂传等，也时常又立一篇序。这样，文体是史书，看来又像子书，但还是可以和《尚书》中的诰誓、《诗经》中的国风和大、小雅相比，保持着一致的地方。

到了华峤的《汉后书》，大多和班固《汉书》相同。如《刘平》、《江革》等传，它的序先谈孝道，其次叙述毛义奉养亲人。这就是效法《汉书·王贡传》用商山四皓开头的体裁。华峤的言辞简略质朴，叙事温文雅致，体会它的宗旨，也可以说是仅次于班孟坚吧！

到了范晔的《后汉书》，开始改变他们的方向，舍弃史才，炫耀文采。后来所有著作，都像这样。于是司马迁、班固的作史体例被忽视，精微婉约的风貌也衰微了。如《后汉书》中的《后妃》、《列女》、《文苑》、《儒林》等，所有这类传记，范晔都要加序。以前史书有了的，唯独自己的书中没有，当时的作者，都因之而感到羞愧。所以上自《晋书》、《宋书》，下到《陈书》、《隋书》，每篇必定有序，用来凑足其数。撰写史书的道理，是要把古代的东西传到现在,古时已经有的,现在为什么还要这样重复呢?开始创作,或许可观;层迭重出,不就太过分了吗?……

史书有体例,犹如国家有法律。国家没有法律,上下就没有依据;史书没有体例,是非就没有标准。过去孔夫子修《春秋》,开始创立凡例;左丘明作传,标明它的界限。只要条例分辨明白,也就文采焕发可观了。下到战国,直至晋朝,经过五百年,修撰史书的人才不少,虽然它的体例屡次变革,而这样的传统终于断绝。惟独干令升最先觉察,遵循《左传》,重立凡例,编成《晋纪》。邓粲、孙盛以后,就追踪他的足迹。史书体例重新恢复,到这时最为兴盛。如沈约《宋书》的志序,萧子显《齐书》的序录,虽然都以序为名,其实都是有凡例的。如果要论定它们的优劣,验证它们的好坏,干宝、范晔,条理恰当,多有成效;邓粲、道鸾,言辞烦杂,不太简要;子显虽然文辞不流畅,但所阐述的意义却很美好。这一两家,都是序例中好的例子。

做事情完全不效法古人,这是没有听说过的,如果以先贤作为榜样,按理就不可以隐讳。可是魏收所作的体例,完全是从范晔那里抄袭来的,贪天的功劳以为自己的力量,不同于范晔依据华峤,班固学习司马迁。卷起袖子公开行事,岂不陷入偷窃之罪吗?

凡例既然已经确定,应当和纪传一致。依照唐朝《晋书》体例所说:"凡是天子的庙号,都要记载在卷末。"依此检验晋孝武帝死后,竟在《纪》末不说他的庙号叫烈宗。……这并不是说起来困难,而是做起来困难。又《晋》《齐》史的体例都说:"妇女柔顺卑下,不能给皇后作纪,现在编撰(后妃传)与列传相同,这是用来警诫皇后专权。"我想记载皇后的既然是传体,自然不可加上纪的名称。《晋》《齐》二史把皇后事迹作为传体,虽说公允恰当,但是它的解释却不成理由,只是偶然做对罢了。这就是俗话所说的"画蛇添足,反失杯中之酒"了。……

编　次

此篇就《史记》、《汉书》诸史体例以研讨纪传体史书的史料组织问题。

刘知几认为,编年体的史书,体例单一,只要按时间次序编排就可以了,而纪传史包括多种体例,在编排次序上就应该"以类区分"。他总结史书编次的经验,特别重视史书体例的统一。至于对《史记》、《汉书》中存在的具体问题的分析,如谓《龟策传》当定名为书,与八书并列等意见,多半不为后来史学家所赞同。读者只须领会其精神,不必拘泥于具体实例。

昔《尚书》记言,《春秋》记事,以日月为远近,年世为前后，用使阅之者雁行鱼贯，皎然可寻。至马迁始错综成篇，区分类聚。班固踵武①，仍加祖述②。于其间则有统体不一，名目相违，朱紫以之混淆，冠履于焉颠倒。盖可得而言者矣。

寻子长之列传也，其所编者唯人而已矣。至于龟策异物③，不类肖形，而辄与黔首同科④，俱谓之传，不其怪乎？且龟策所记，全为志体，向若与八书齐列，而定以书名，庶几物得其朋，同声相应者矣。

孟坚每一姓有传，多附出余亲。其事迹尤异者，则分入它部。故博陆、去病昆弟非复一篇⑤，外戚、元后妇姑分为二录⑥。至如元王受封于楚，至孙戊而亡⑦。案

---

① 踵武：继承前人的事业。踵，追随；武，足迹。 ② 祖述：尊崇和效法前人的学说或行为。 ③ 龟策：指龟甲和蓍草，是古人占卜吉凶的用具。《史记·龟策列传》，《汉书·司马迁传》谓"有录无书"，汉人褚少孙所补。传的标目，是以从事的职业来定的。 ④ 黔首：战国及秦代对国民的称谓，此承上文代指人。 ⑤ 博陆：古地名，在今河北蠡县南，汉武帝封霍光为博陆侯。这里指代霍光。去病：即霍去病，霍光弟。 ⑥ 外戚：帝王的母族和妻族，此指汉宣帝刘询的皇后。元后：汉元帝刘奭（shì 世）的皇后。元后与宣后为儿媳妇与婆婆的关系。姑：丈夫的母亲。妇：儿媳。 ⑦ 元王：楚元王。汉高祖封他的从弟刘交为元王于楚，刘交的孙刘戊和吴王叛乱，兵败自杀。

其行事，所载甚寡，而能独载一卷者，实由向、歆之助耳①。但交封汉始，地启列藩；向居刘末，职才卿士。昭穆既疏②，家国又别。适使分楚王子孙于高、惠之世，与荆、代并编；析刘向父子于元、成之间，与王、京共列。方于诸传，不亦类乎？

……

当汉氏之中兴也，更始升坛改元，寒暑三易③。世祖称臣北面，诚节不亏④。既而兵败长安，祚归高邑⑤，兄亡弟及，历数相承。作者乃抑圣公于传内，登文叔于纪首，事等跻僖，位先不窋⑥。夫《东观》秉笔⑦，容或谄于

---

① 向、歆：即刘向及儿子刘歆。　② 昭穆：古代宗法制度，宗庙次序，始祖居庙中，以下父子递为昭穆，昭左穆右。此指世系。　③ 更(gēng 庚)始：刘玄年号。玄字圣公，汉光武的族兄。参加平林军，称更始将军，后被拥立为天子。公元23年建元为更始。　④ 世祖：汉光武帝名秀，字文叔，庙号世祖。北面：面，向。古代君主面南而坐，臣子朝见则面北。光武帝最初是更始帝的太常偏将军，故云称臣北面。　⑤ 兵败长安句：指更始帝兵败长安，光武在高邑(今河北省)接皇帝位。⑥ 事等跻僖句：指春秋时鲁国国君在太庙祭祀，把庶出而又继闵公而立的鲁僖公位升在上面。跻：升。把周文王、武王的位置放在他们祖先不窋的前面。刘知几认为这都有违封建礼教。　⑦《东观》：指班固、陈宗、尹敏、孟异等在东观阁所撰写《东观汉记》中的《世祖本纪》等。秉笔：犹执笔，指撰写。

当时,后来所修①,理当刊革者也。

盖逐兔争捷,瞻乌靡定②,群雄僭盗,为我驱除。是以史传所分,真伪有别,陈胜、项籍见编于高祖之后③,隗嚣、孙述不列于光武之前④。而陈寿《蜀书》首标二牧,次列先主,以维焉、璋⑤。岂以蜀是伪朝,遂乃不遵恒例。但鹏、鷃一也,何大小之异哉?

……

---

① 后来所修:指范晔所撰写的《后汉书》。 ② 逐兔争捷:谓众人追逐野兔,谁得未定。见《吕氏春秋·慎势》,比喻群雄争夺天下。瞻乌靡定:乌停留何处,不能确知。见《诗经·小雅·正月》。言天下动乱,人民流离失所,无法安定。 ③ 陈胜、项籍句:《史记》把秦末起义的农民领袖陈涉列入《世家》,把率领诸侯灭秦的项羽列入《本纪》。班固《汉书》却把陈胜、项籍二传编在《高帝纪》后。刘知几认为这是名不符实,以成败论人。 ④ 隗嚣、孙述句:隗嚣字孟季,在反对王莽斗争中被拥为上将军,刘玄称帝封为右将军,光武刘秀为太常偏将军。更始三年,隗嚣据天水自立,自称西州上将军,后屡为光武所败,忧愤而死。孙述即公孙述,字子阳,王莽末起兵据益州,自立为蜀王,后又自立为天子,最后为光武击败被杀。作者大概认为他们都是同时起事的群雄,虽然胜负不同,大小不类,但不能以成败论人。范晔《后汉书》把他二人的传列于《光武帝纪》后,是不对的。 ⑤ 二牧:指刘焉为益州牧。死后,他的儿子刘璋继为益州牧,故称二牧。先主:即三国蜀主刘备。

寻夫本纪所书,资传乃显;表志异体,不必相涉。旧史以表志之帙介于纪传之间,降及蔚宗,肇加厘革,沈、魏继作,相与因循。既而子显《齐书》、颖达《隋史》,不依范例,重遵班法。盖择善而行,有何远近;闻义不徙,是吾忧也。

若乃先黄、老而后六经①,后外戚而先夷狄②;老子与韩非并列③,贾诩将荀彧同编④;孙弘传赞,宜居武、宣纪末⑤;宗庙迭毁,枉入《玄成传》终⑥。如斯舛谬,不可

---

① 先黄、老句:班固在《汉书·司马迁传》的赞中曾指责司马迁《史记》中谈论大道时先黄帝、老子,而后谈六经。 ② 后外戚句:指《外戚传》,见前外戚注。班固《汉书》中把《匈奴》、《西域》等传排在《外戚传》前面。刘知几认为不是以类相从,不合纪传史体例。 ③ 老子、韩非并列:《史记》把老子、韩非合为一传,刘知几认为老子、韩非相距二百多年,时代不同;老子主张清静无为,韩非主张严刑峻法。列在一传里确实是舛谬。但他在《品藻》篇又说他们都有著述,都以"子"作为书名,合在一篇大体是合适的。刘知几的说法,前后矛盾。 ④ 贾诩(xǔ许)、荀彧(yù预)同编:指陈寿《三国志·魏书》把荀彧、贾诩编在一个传里。两人虽都是曹魏的谋臣,但德行品格不同。荀彧不赞同曹操称魏公,加九锡,忧郁而死。贾诩依附董卓党羽,董卓败亡,又劝李傕、郭汜西攻长安,"为董公报仇",使生民遭受涂炭,是一大罪行。刘知几认为贾、荀合传为舛谬。 ⑤ 孙弘传赞:刘知几认为《汉书·公孙弘·赞》中谈到武帝、宣帝的事,其实应该把它写在《武帝纪》、《宣帝纪》的后面。 ⑥ 宗庙迭毁:《汉书·韦贤传附玄成传》的最后,述说诸郡国所立太祖、太宗、世宗等庙的罢毁诏议。

胜纪。今略其尤甚者耳,故不复一一而详之。(节选)

【翻译】

　　以前《尚书》记言,《春秋》记事,都依照时代的先后进行编排,使阅读它的人能够按前后次序,明白清晰地深入探讨。到了司马迁的《史记》才交错综合成书,各个部分分类聚合。班固《汉文》追随司马迁的足迹,仍加仿效。在这中间就有体例系统的不一致,名实互相抵触,善恶因此混淆,尊卑于是颠倒,这些大概是可以议论一下的。

　　探讨司马迁《史记》的列传,都是以人物为中心编排的。至于龟甲、蓍草这些占卜的珍奇异物,与人不同类形,却把它和人同编在一类,都称它为传,这不是很奇怪吗?况且《龟策列传》所记载的全是记述占卜之事的志体,与人物传记迥然不同,假如把它和八书并列在一起,就定名为书,才算分类适当,内容一致。

　　班孟坚的《汉书》每一姓都有列传,列传之后大多附记其余的亲属。他们的事迹特别不同的,就分别记入其他部分。所以霍光、霍去病兄弟不在一篇,元后立传就与《外戚传》中孝宣皇后儿媳和婆婆二人分在两篇记载。又如汉高祖的从弟元王刘交受封在楚,到了他的孙子刘戊而灭绝。依照他的行事,可记载的很少,而能够单独写成《楚元王传》一卷，实际是因为把刘向、刘歆的传附在里面的缘故。但是刘交受封于楚是在汉朝初年，封地列于藩王；刘向在刘交后面，官职才是卿士。世代已经疏远，封爵又不相同。应该使楚元王子孙分散记在汉高祖、汉惠帝之间的时代，和荆王刘贾、代孝王刘参编在一起；刘向父子应该分散记在汉元帝、汉成帝之间，和王吉、京房同编一起，并列为传，不就相类了吗？

……

正当汉朝中兴的时候，刘玄登上帝位改年号为更始，在位三年。当时世祖刘秀北面称臣，礼节确实没有欠缺。后来刘玄兵败长安，帝位归于光武，兄长失去帝位，弟弟登上宝座，帝王的次第相继衔接。范晔作《后汉书》却把刘玄降到列传之中，而把光武刘秀升到本纪的第一篇，事情如同鲁国在太庙中把继闵公而立的庶兄僖公放在闵公之前，如《史记》一样把周文王、周武王的位置放在他们的祖先不窋之先。《东观汉纪》这样编写，或许是为了奉承当时的权势者，后来范晔修撰《后汉书》，按理应当删改，却因循不改。

群雄为争夺帝位而天下混乱，人民不能安居，他们超越名分窃取天下，各自为我排除异己。因此史传的分类，真伪有所区别，《汉书》把陈胜、项籍传编在高祖的后面，《后汉书》不把隗嚣、公孙述传列在光武的前面。然而陈寿《三国志·蜀书》首先标出刘焉、刘璋益州二牧的传纪，其次才列出先主刘备，以继刘焉、刘璋之后。这是因为蜀国不是正统王朝，就不遵守固定的体例。但是鹏鸟和鹦雀大小不同都属鸟类，陈寿不应该因为蜀国偏居一方而改变史书的常例。

......

探究本纪所记的内容，须要凭借列传才能显著；表志的体例不同，不必互相牵涉。旧时史书把表志的卷帙放在纪传之间，下到范晔，开始加以改变，沈约、魏收相继编史，都相沿不改。后来萧子显的《齐书》、孔颖达的《隋史》，没有依照范晔体例，又重新遵从班固的办法。选择好的就去实行，何必要有远近之分；听到合理的准则而仍然不改变其旧规，这是我所担忧的。

至于《史记》先谈黄、老的大道而后论《六经》，《汉书》里把《匈奴》等传放在《外戚传》的前面；《史记》把老子和韩非编在同一传里；《三国志·魏书》把贾诩和荀彧编在同一传里；《汉书》公孙弘传赞，应该居于武帝、宣帝二纪的后面；汉朝宗庙累次罢毁的诏令奏议，不恰当地编在《玄成传》的最后。如像这样的错乱谬误，不能完全记录下来。现在仅仅大略地谈它特别突出的罢了，所以不再一一地详细述说。

言　语

　　本篇是刘知几研讨史书文辞的文章。他首先肯定记述历史，要讲究修辞，才能更好地发挥社会作用。但不能以辞害义。先要做到记事不误，文辞才能更近乎于真实。

　　他以为文辞的真实与时代、地域有密切的关系。时代不同，语言也随之变异。所以，三传（《左传》、《公羊》、《穀梁》）之不同于《尚书》，两汉的言辞也不同于《战国策》。他反对追效前人，一味摹仿古语，失去天然，真伪难分。他批评有的作者编撰史书时，任意增饰文采，援引古史，浮华而失去真实。甚至为了仿效古语，竟不惜删割史事，更是极大的错误。

作者进一步分析指出，所谓古语和俗语、雅正和质朴，不过是人们对过去时代的语言远近不同的看法而已。却不知道口语是随时代变化的。如果把现时的口语俗语载入史册，后世的人看来也会如此。因此，他反对重古轻今，以今易古，方言俗语都可采用，务必随时因俗，秉笔直书。记事的真实决定语言的美丑。这些进步的见解，对后来编纂史书都产生了积极的影响。

盖枢机之发①，荣辱之主，言之不文，行之不远，则知饰词专对②，古之所重也。夫上古之世，人惟朴略，言语难晓，训释方通。是以寻理则事简而意深，考文则词艰而义释，若《尚书》载伊尹之训③，皋陶之谟④、《洛诰》、《康诰》、《牧誓》、《泰誓》是也⑤。周监二代，郁郁乎文⑥。

---

① 枢机：喻事物的关键部分。这里指主宰思想言辞的心灵。借以说明史家必须重视文词。　② 专对：谓出使国外，不能随时请示，独自作主谈判应对，只能随机应变。专：单独，独自。　③ 伊尹之训：指伪《古文尚书》中的《伊训》篇。　④ 皋陶之谟：指《尚书》中的《皋陶谟》。　⑤《洛诰》、《康诰》、《牧誓》、《泰誓》：都是《尚书》中的篇名。　⑥ 周监句：监，视。这里可理解为借鉴。二代，指夏、商。郁郁，文盛貌。本文指礼乐制度文物，这里借指文采词令。

大夫、行人①，尤重词命②，语微婉而多切，言流靡而不淫，若《春秋》③载吕相绝秦④，子产献捷⑤，臧孙谏君纳鼎⑥，魏绛对戮杨干是也⑦。战国虎争，驰说云涌，人持弄丸之辩，家挟飞钳之术⑧，剧谈者以谲诳为宗，利口者

① 大夫、行人：古代天子诸侯之外，有卿、大夫、士三级。擅长辞令，可为大夫。《周礼·秋官》有行人，掌朝觐聘问。是使者的通称。 ② 词命：即辞命，亦即辞令。 ③《春秋》：这里指《左传》。 ④ 吕相绝秦：晋厉公曾使吕相与秦绝交。绝秦书在言辞中，指责秦国不遵守盟约。事见《左传·成公十三年》。 ⑤ 子产献捷：郑国的子展、子产夜间突然攻入陈国都城，后来子产向晋国献战利品。晋人问陈国有什么罪？为何要侵犯小国？子产的回答振振有辞。晋人认为他的话能顺理成章，于是接受了他的献捷，孔子也因此赞叹说："对辞令应该审慎啊！"事见《左传·襄公二十五年》。 ⑥ 臧孙句：宋国用郜国铸的大鼎来贿赂鲁桓公，桓公收后放在太庙，这是违背当时礼制的。臧哀伯能据德规劝。事见《左传·桓公二年》。 ⑦ 魏绛句：晋侯弟弟杨干曾在鸡泽会盟中扰乱军队的行列阵容，魏绛杀了他的仆人。晋侯大怒，要杀魏绛，魏绛呈书说明理由。晋侯看了认为魏绛的行为是符合军法的。事见《左传·襄公三年》。 ⑧ 人持二句：周时鬼谷子所著《鬼谷子》有《转丸篇》、《飞箝篇》，文佚。谈论巧辞的游说之术，言其辩论圆滑有如随意转弄弹丸，巧于钳制别人。弄丸，即转丸。钳，与箝通。

以寓言为主。若《史记》载苏秦合从①,张仪连横②,范雎反间以相秦③,鲁连解纷而全赵是也④。

……

夫三传之说,既不袭于《尚书》;两汉之词,又多违于《战策》。足以验氓俗之递改,知岁时之不同。而后来作者,通无远识,记其当世口语,罕能从实而书,方复追效昔人,示其稽古。是以好丘明者,则偏摸《左传》⑤;爱子长者,则全学史公。用使周、秦言辞见于魏、晋之代,楚、

---

① 苏秦合从:苏秦,战国时东周洛阳(今河南洛阳东)人,字季子。善游说,联合齐、楚、燕、赵、韩、魏六国抗秦,称为合纵,合从即合纵。事见《史记·苏秦传》。 ② 张仪连横:"连横"和"合从"相对。指齐、楚、燕、赵、韩、魏等六国中的某些国家跟随秦国进攻其他国家。张仪(?—前310),战国时魏国贵族的后代,秦惠文王十年,任秦相。他游说六国共同事秦,瓦解齐、楚联盟。事见《史记·张仪传》。 ③ 范雎(suī虽)反间(jiàn见)句:反间指用计使对方内部产生分裂。范雎,战国时魏国人。他入秦后,利用秦昭王与太后之间矛盾,游说秦昭王废太后,驱逐秦相魏冉,昭王四十一年任秦相。事见《史记·范雎传》。 ④ 鲁连句:鲁连即鲁仲连,战国时齐国人。善于计谋,常周游各国,排难解纷。秦军围赵邯郸(今属河北),魏臣主张尊秦为帝,鲁仲连曾以利害进说赵、魏大臣,劝阻尊秦昭王为帝,魏救赵攻秦,秦遂退兵。事见《史记·鲁仲连传》。 ⑤ 摸:同摹,仿效。

汉应对行乎宋、齐之日。而伪修混沌①,失彼天然,今古以之不纯,真伪由其相乱。故裴少期讥孙盛录曹公平素之语②,而全作夫差亡灭之词。虽言似《春秋》而事殊乖越者矣。

……

唯王、宋著书,叙元、高时事③,抗词正笔,务存直道,方言世语,由此毕彰。而今之学者,皆尤二子以言多滓秽,语伤浅俗。夫本质如此,而推过史臣,犹鉴者见嫫姆多媸④,而归罪于明镜也。

又世之议者,咸以北朝众作,《周史》为工。盖赏其记言之体,多同于古故也。夫以枉饰虚言,都捐实事,便号以良直,师其模楷,是则董狐,南史,举目可求,班固,华峤,比肩皆是者矣。

---

① 伪修混沌:混沌,古人想象中世界开辟前的状态。此指未经人为雕琢的自然状态。 ② 裴少期句:裴松之(372—451)南朝宋时史学家。字世期,唐避李世民讳作"少期",闻喜(今山西省)人,曾任国子博士、永嘉太守等职。所注《三国志》,保存大量史料。松之认为孙盛所著《魏氏春秋》多用《左传》,只是将旧文换一下而已。特别是记录曹操平素的谈话,全采用古代春秋时夫差亡灭的言词,故讥笑他。事见《三国志·魏书·武帝纪》注引孙盛《魏氏春秋》。 ③ 王、宋著书:指王劭《齐志》、宋孝王《关东风俗传》两书。 ④ 嫫姆多媸:嫫姆,古代传说中的丑妇人。媸,丑。

近有敦煌张太素①,中山郎余令②,并称述者,自负史才。郎著《孝德传》,张著《隋后略》。凡所撰今语,皆依仿旧辞。若选言可以效古而书,其难类者,则忽而不取,料其所弃,可胜纪哉?

盖江芈骂商臣曰:"呼!役夫,宜君王废汝而立职③。"汉王怒郦生曰:"竖儒,几败乃公事④。"单固谓杨康曰:"老奴,汝死自其分。"乐广叹卫玠曰:"谁家生得宁

---

① 张太素:唐高宗龙朔中历任东台舍人兼修国史。曾撰《后魏书》、《隋书》,均已佚。事见《旧唐书·张公谨传附太素传》。 ② 郎余令:定州新乐人。少时博学知名,举进士。续梁元帝《孝德传》,撰《孝子后传》三十卷,撰《隋书》未成。事见《旧唐书·儒学·郎余令传》。 ③ 江芈(mǐ 米)句:楚成王欲废太子商臣立王子职,商臣听到风声去问他的老师潘崇怎样才弄得清楚。潘崇叫他去找成王之妹江芈探听口气,文中即江芈怒骂商臣的话。役夫:贱人。事见《左传·文公元年》。 ④ 汉王句:郦食其(yì jī 意基)要汉王复立六国后世,以便受拥戴而称霸,使楚来朝。汉王听从。张良认为不可。汉王便骂郦食其说:"这小子,几乎把你老子的事弄糟了!"竖儒:对儒者的鄙称。事见《史记·留侯世家》。

馨儿①!"斯并当时侮嫚之词,流俗鄙俚之说。必播以唇吻,传诸讽诵,而世人皆以为上之二言不失清雅,而下之两句殊为鲁朴者,何哉?盖楚、汉世隔,事已成古,魏、晋年近,言犹类今。已古者即谓其文,犹今者乃惊其质。夫天地长久,风俗无恒,后之视今,亦犹今之视昔。而作者皆怯书今语,勇效昔言,不其惑乎!苟记言则约附《五经》,载语则依凭三史,是春秋之俗,战国之风,亘两仪而并存②,经千载而如一,奚以今来古往,质文之屡变者哉?

　　盖善为政者,不择人而理,故俗无精粗,咸被其化;工为史者,不选事而书,故言无美恶,尽传于后。若事皆不谬,言必近真,庶几可与古人同居,何止得其糟粕而已。(节选)

---

①单固谓杨康:魏国山阳单固,字恭夏,为人有器实。正始中,固为兖州刺史令狐愚别驾,与兼治中从事杨康都是令狐愚的心腹。后因令狐愚等通谋反对司马懿,康、固都被牵连,先后被杀害。单固死前知杨康曾往告密,所以临刑时骂杨康:"老家伙!你死是自己该料想到的。"事见《三国志·魏书·王凌传》裴松之注引《魏略》。乐广、卫玠:《晋书·乐广传》、《卫玠传》今本二传俱无"宁馨儿"语。此语见《晋书·王衍传》。宁馨儿,这样的孩儿。　②两仪:天地。

【翻译】

　　从内心发出的言辞，是招致荣辱的主要因素。如果言辞没有文采，就不能传布久远，可知修饰言词独自应对，在古时候是十分重要的。上古时代，人们质朴简略，叙事记言都用当时口语，经历了久远的世代，言语就不容易理解，须要经过解释才能贯通。因此探求道理，事情虽然简单而意义却很深刻，考查文辞，词语虽然艰深而事理仍然明白。如《尚书》所记载的《伊训》《皋陶谟》以及《洛诰》《康诰》《牧誓》《泰誓》等都是这样的。周代的礼仪制度是以夏、商两代作为借鉴而制定的，文采多么丰富啊！大夫、对外使者，更特别重视辞令，辞语巧妙委婉十分恰当，言谈流畅华美而又不夸大失实，如《左传》记载吕相与秦国断绝邦交，子产向晋国奉献战利品，臧孙劝谏宋君收回大鼎，魏绛回答杀戮杨干的道理等等都属于这种情况。战国时代人们像虎一样互相争斗，驰骋游说风起云涌，人人都掌握了《转丸》所说的论辩才能，家家都怀抱着《飞箝》所说的辩说技术，言谈急切的以怪异欺诈为宗旨，能言善辩的用寓言故事为根本，如《史记》记载苏秦的合纵，张仪的连横，范睢用反间计而得到秦国的相位，鲁仲连排难解纷而保全赵国等等都属于这种情况。

……

《左传》、《公羊传》、《穀梁传》三传的言语，已经不学习《尚书》了；两汉的文辞，又多与《战国策》不一致。这完全能够验证民间习俗的逐渐变更，知道时代风气的变化不同。可是后来的作者，一般没有远见，记取当时的口语，很少能如实记载，又在追效前人，表示与古代相合。所以喜欢左丘明的人，就完全摹仿《左传》；爱好司马迁的人，就完全学习《史记》。因而使得周、秦时候的言辞重现于魏、晋时代，楚、汉之间的应对，流行在宋、齐的时候。人为的雕凿，反而失掉了自然的美丽。现在和古代因之混淆，真实和虚假因此错乱。所以裴松之讥笑孙盛所记下的曹操平素的言谈，完全变成夫差临死时的古代言辞。虽然言语像《左传》，但是事情不同，相隔天远。

……

只有王劭、宋孝王所著的《齐志》、《关东风俗传》，叙述北魏、北齐当时的事情，直言不讳，秉笔直书，各求保存正直之道，当世地方口语，由此完全显露。而现在的学者，都责难这两个人言词不洁净，语言太浅俗。其实语言的本来面目就是如此，却偏把过失推给史臣，犹如照镜子的人看见嫫姆很丑，反而责怪镜子不明亮了。

又有世间议论的人，都认为在北朝的许多著作中，《周史》是最好的。大概是赏识它记言的体裁，大多同于古史的缘故。像这样以曲意装饰的空言，完全不顾真实事迹，便称它为正直的良史，把他当成模范来学习，那么董狐、南史，睁开眼睛就可以看到，班固、华峤，肩挨肩地到处都是，数也数不清了。

近时有敦煌张太素、中山郎余令，都以著述并称，自恃有史家的才能。郎著《孝德传》，张著《隋后略》。凡是编写当今的语言，都模仿古旧的文辞。如果选择语言可以仿效古语来记载，其中难以找到类似的辞语，就会忽略而不取用。想来因此而废弃的材料一定很多，记得完吗？

江芈骂商臣说："呼？役夫，宜君王废汝而立职。"汉王怒郦生说："竖儒，几败乃公事。"单固对杨康说："老奴，汝死自其分。"乐广赞叹卫玠说："谁家生得宁馨儿！"这些都是当时轻慢的词语，鄙俗的言谈，定可在口头流传，直至于背诵，但是世上的人都以为上面两句话，不失清雅，而下面两句话，极为粗鲁质朴，这是什么原因呢？因为楚、汉时代相隔久远，事情已成为古事；魏、晋年代相近，语言还与现在相同。已经久远的就称它为有文采，还与现在相同的就惊诧它的质朴。天地能永远存在，风俗不能固定不变，后代的人看现在，也犹如现在的人看过去。但作者都不敢写作今语，却勇于仿效以往的言词，那不是糊涂吗！如果记事就要遵从《五经》，记言就要依靠三史,那么春秋时代的风俗,战国时代的风气,将与天地一同并存,经过千年仍旧一样,为什么古往今来,质朴与文采屡次变化呢?

　　善于治理国家政事的人,各种人才都用就能治好。所以风俗无论精粗,都能使人受到感化;擅长著作史书的人,美恶的事情都要记载,无论语言美丑,都要传于后代。如果所记载的事情都不谬误,言辞就一定接近真实,几乎可以和古人处于同样的地位,岂止得到古人遗留的记载而已。

浮　词

　　刘知几提出记载历史应该广泛采用史事,力避浮夸,不能违背历史真实。特别是用只言片语寄托褒贬,更要十分慎重。发言失中,加字不当,就难以取信后世。作者列举例证,对《史记》、《汉书》,特别对《魏书》、《齐书》、《周书》等提出批评,虽然刘知几所批评的浮词例证,后世颇多争论,但其精神实质是不错的。他认为要变革这样的文风,编史的作者必须才识高远,剪除虚浮的言词,采集真实的精华,做到像孔子删定史书那样,坦然明白。他自信有才能,足以担当这样的重任。但是他的治史观点不能容于当世,因而发出了"吾谋适不用"的感慨。

夫人枢机之发,亹亹不穷①,必有徐音足句,为其始末。是以伊、惟、夫、盖,发语之端也;焉、哉、矣、兮,断句之助也。去之则言语不足,加之则章句获全。而史之叙事,亦有时类此。故将述晋灵公厚敛雕墙,则且以不君为称②;欲云司马安四至九卿,而先以巧宦标目③。所谓说事之端也。又书重耳伐原示信,而继以一战而霸,文之教也④;载匈奴为偶人象郅都,令驰射莫能中,则云其见惮如此⑤。所谓论事之助也。

昔尼父裁经,义在褒贬,明如日月,持用不刊。而史传所书,贵乎博录而已。至于本事之外,时寄抑扬,此乃

① 亹亹(wěi wěi 尾尾):行进貌。这里作言辞流畅讲。 ② 厚敛:征收重税。雕:画。不君:在君位而言行不合为君之道。事见《左传·宣公二年》。 ③ 司马安句:《史记·汲黯传》,黯姑姊子司马安思虑周密,善于作官,四次升到公卿的职位。潘岳在他的《闲居赋序》中说,史书记载他的事迹,就用"巧宦"来标明,引人注目。 ④ 重耳句:晋文公为了教化百姓就借攻打原国来显示讲信用的故事。晋文公包围原国,命令将士携带三天的粮食。到了第三天,原国不投降,就下令离开。重耳,即晋文公。"一战而霸,文之教也",是《左传》承上文"示信"、"示礼"而下的断语。"一战"指第二年的城濮之战。文,即晋文公。教,谓教化。见《左传》僖公二十五年、二十七年。 ⑤ 匈奴句:郅都为雁门太守,治理有方,匈奴惧怕,不敢侵扰。郅都死后亦不敢近雁门。事见《史记·酷吏列传·郅都》。

得失禀于片言,是非由于一句,谈何容易,可不慎欤!但近代作者,溺于烦富,则有发言失中,加字不惬,遂令后之览者,难以取信。……

盖古之记事也,或先经张本,或后传终言,分布虽疏,错综逾密。今之记事也则不然。或隔卷异篇,邃相矛盾;或连行接句,顿成乖角。是以《齐史》之论魏收,良直邪曲,三说各异①;《周书》之评太祖,宽仁好杀,二理不同②。非惟言无准的,固亦事成首鼠者也③。夫人有一言④,而史辞再三,良以好发芜音,不求说理,而言之反覆,观者惑焉。

……

夫词寡者出一言而已周,才芜者资数句而方浃。案《左传》称绛父论甲子,隐言于赵孟⑤;班书述楚老哭龚

---

① 三说各异:《史通》原注说李百药《齐书序》论魏收所著《魏书》论调很高。至《魏收传论》又说他"志存实录"。但在《尔朱畅传》中,却说他接受尔朱畅的财贿,因此为尔朱荣立传,略去许多荣的罪恶。三种说法好坏不同。 ② 二理不同:《史通》原注说,令狐德棻《周书·元伟传》称文帝"天纵宽仁"。但在《本纪论》又说他好杀成性。 ③ 首鼠:迟疑不定。 ④ 人有一言:浦起龙《史通通辑》谓当作"人惟一格"。 ⑤ 绛父:见《二体》篇注。

生,莫识其名氏①。苟举斯一事,则触类可知。……

昔夫子断唐、虞以下迄于周,剪截浮词,撮其机要。故帝王之道,坦然明白。嗟呼!自去圣日远,史籍逾多,得失是非,孰能刊定?假有才堪厘革,而以人废言,此绕朝所谓"勿谓秦无人,吾谋适不用"者也②。(节选)

【翻译】

人们从内心发出的言辞,一句接一句连续不断,一定有舒缓的语音在前发端或助词在后使句意完整。因此伊、惟、夫、盖,表示说话的开端;焉、哉、矣、兮,用它帮助断句。去掉它说话的语气就不足,加上它句意就得到完整的表现。史书的叙事也有这样的类似情况。所以要叙述晋灵公征收重税来采画墙壁,就先用"不君"作为称述;要说司马安四次做到高官,就先用"巧宦"来标明。

---

① 楚老:据《汉书·两龚传》载:龚胜字君宾,龚舍字君清,都是楚人,所以世称楚的两龚。王莽篡汉,派使者奉玺书拜胜为官,胜不受,遂不食而死。有老父来吊,哭甚哀,既而说:"嗟呼,薰以香自烧,膏以明自销。"便急走而出,不知他是谁。 ② 绕朝句:晋人害怕秦国用士会,用计使士会归晋。士会临行,秦大夫绕朝赠书与士会说:"你不要以为秦没有人才,我已看破晋人的计谋,而康公不用我的计罢了。"事见《左传·文公十三年》。刘知几借用绕朝的话慨叹自己的才能不能施展。

这就是所谓记事的开端了。又如记载晋文公包围原国表示信用,接着说城濮一战称霸诸侯,是由于晋文公的教化。记载匈奴制作像郅都的木偶人,命令驰马射箭,没有人能射中,就说匈奴看见他害怕到这地步。这就是所谓论事的帮助。

从前孔子删订经书,本意在褒贬,明白如像太阳月亮,无可改易。史传的记载,重在广泛录取罢了。至于在真实的事迹之外,有时寄寓褒贬,这就是是非得失在于一言半语,做起来并不像嘴上说说那么容易,这能够不慎重吗?但是近代作者,沉溺在烦琐富丽的言辞当中,就会出言不得当,加字不合意,致使后来看它的人,不容易了解到真实情况。……

古时的记事,或者前面预设伏笔,或者后面点明断语,前后分布虽然隔得较远,但交错综合更加细致。现在的记事就不是这样了。或不同的篇章,就生矛盾;或连接的语句,顿成乖违。因此《齐史》的评论魏收,良直邪曲,三种说法各不相同;《周书》的评论太祖,宽仁好杀,两种判断都不一样。不只是言辞没有准则,常常事情也变成前后无据了。人只有一种品格而史书上有几种说法,确实由于喜爱繁杂的文辞,不求正直的道理,因而言辞翻来覆去,使看史书的人疑惑不解。

……

言词少的用一个字就已经周密了，才思杂乱的要堆积几句才勉强通畅。考《左传》叙述绛县老人只谈甲子，便向赵孟暗示了自己的生辰；班固《汉书》叙述楚地老人吊哭龚胜，没有人知道他的姓名。举此一事，就触类可知。……

从前孔子删订经书，以唐、虞为上限，其下则到周代，剪截浮夸言辞，摘取精义要旨。所以帝王之道，坦然明白。唉！离开圣人时间已久，历史典籍愈来愈多，得失是非，谁能校刊订正？假如有才能可以担当编纂的重任，却又因人的不被信用而废弃他的言辞，这就是秦大夫绕朝对士会所说的："你不要以为秦国没有人才，只是康公不用我的计谋罢了。"

叙 事

刘知几提出好的史书要善于叙事,善于叙事的又以简要为主,以文约而事丰为最高表现。他把叙事分为直纪才行,只记事迹,因言语而显事,借论赞见意四种表现形式。根据具体情况,分别采用,就可以节省文辞、避免累赘。他把叙事简要的方法分为省句、省字两类。他认为省句为易,省字为难。要力避重字烦句,求取适中,简要合理,并根据这些标准要求,评论了以往史书叙事的优劣得失。

他对叙事中的显晦进行了比较,特别强调隐晦,就是要做到精微含蓄,省文约字,事在句外,略小有大,举重明轻,一个字巨细都完全概括,一句话大小都不遗漏。话已说完而含意不尽,使读者见表知里,见一知三。因此,他极力反对用骈文编史叙事,滥加修饰,把古代的言词,翻成当今的用语;把以往的古事,用作今天的言谈;任意雕辞画采,把赋颂的文体用进史书;弄成文章不像文章,史书不像史书。

　　刘知几主张叙事简要、隐晦,反对妄饰,与《言语》、《浮词》中的某些见解,是密切联系的。

……

　　夫国史之美者,以叙事为工,而叙事之工者,以简要为主。简之时义大矣哉!历观自古,作者权舆①,《尚书》发踪,所载务于寡事;《春秋》变体,其言贵于省文。斯盖浇淳殊致②,前后异迹。然则文约而事丰③,此述作之尤美者也。始自两汉,迄乎三国,国史之文,日伤烦富。逮晋已降,流宕逾远。寻其冗句,摘其烦词,一行之间,必谬增数字;尺纸之内,恒虚费数行。夫聚蚊成雷,群轻折

---

　　① 权舆:起始。　② 浇淳:浅薄纯厚。　③ 然则:这里用作"然而"。

轴①，况于章句不节，言词莫限，载之兼两②，曷足道哉？

　　盖叙事之体，其别有四：有直纪其才行者，有唯书其事迹者，有因语言而可知者，有假赞论而自见者。至如《古文尚书》称帝尧之德，标以"允恭克让③"；《春秋左传》言子太叔之状，目以"美秀而文④"。所称如此，更无他说，所谓直纪其才行者。又如《左氏》载申生为骊姬所谮，自缢而亡⑤；班史称纪信为项籍所围，代君而死⑥。此则不言其节操，而忠孝自彰，所谓唯书其事迹者。又如《尚书》称武王之罪纣也，其誓曰："焚炙忠良，刳剔孕妇⑦。"《左传》纪随会之论楚也，其词曰："荜辂蓝缕，以启山林⑧。"此则才行事迹，莫不阙如，而言有关涉，事便显

---

① 群轻折轴：物虽轻，在车上堆积太多可以压断车轴。比喻不能忽视小事。② 载之兼两：装它几车。兼，倍。两，车的两个车轮，代指车。③ 允恭克让：允，诚实；恭，恭谨；克，能干；让，谦让。④ 美秀而文：美秀指外貌举止。文，指熟习礼乐典章制度。子太叔：郑国正卿。⑤ 申生句：骊姬想立亲生子奚齐为太子，放毒于祭肉中献给晋献公，嫁祸给太子申生，申生仁孝不愿申辩，自缢而死。事见《左传·僖公四年》。⑥ 纪信句：项羽军围荥阳，纪信乘汉王车请降，汉王则乘机逃走，项羽烧杀纪信。事见《汉书·高帝纪》。⑦ 焚炙忠良句：焚炙(zhì至)，烧烤。刳(kū枯)剔，剖开挖空。⑧ 荜辂蓝缕句：晋栾武子把楚国先人乘柴车，身着破衣开辟山林的事情训告士卒。荜辂，也作荜路，柴车。蓝缕，楚方言，谓穷苦人衣服丑敝为蓝缕。

露,所谓因言语而可知者。又如《史记·卫青传》后,太史公曰:苏建尝责大将军不荐贤待士。《汉书·孝文纪》末,其赞曰:"吴王诈病不朝,赐以几杖。"此则传之与纪,并所不书,而史臣发言,别出其事,所谓假赞论而自见者。然则才行、事迹、言语、赞论,凡此四者,皆不相须。若兼而毕书,则其费尤广。但自古经史,通多此类。能获免者,盖十无一二。

又叙事之省,其流有二焉:一曰省句,二曰省字。《左传》宋华耦来盟,称其先人得罪于宋,鲁人以为敏①。夫以钝者称敏,则明贤达所嗤,此为省句也。《春秋经》曰:"陨石于宋五。"夫闻之陨,视之石,数之五。加以一字太详,减其一字太略,求诸折中,简要合理,此为省字也。其有反于是者,若《公羊》称郤克眇,季孙行父秃,孙良夫跛,齐使跛者逆跛者,秃者逆秃者,眇者逆眇者。盖宜除"跛者"已下句,但云"各以其类逆"。必事加再述,则于文殊费,此为烦句也。《汉书·张苍传》:"年老,口中无齿。"盖于此一句之内去"年"及"口中"可矣。夫此六文成句,而三字妄加,此为烦字也。然则省句为易,省字为难,洞识此心,始可言史矣。苟句尽余剩,字皆重复,史之烦芜,职由于此。

---

① 鲁人:迟钝的人。

……

　　夫饰言者为文,编文者为句,句积而章立,章积而篇成。篇目既分,而一家之言备矣。古者行人出境,以词令为宗;大夫应对以言文为主。况乎列以章句,刊之竹帛,安可不励精雕饰,传诸讽诵者哉?自圣贤述作,是曰经典,句皆韶、夏①,言尽琳琅,秩秩德音②,洋洋盈耳③。譬夫游沧海者,徒惊其浩旷;登太山者,但嗟其峻极。必摘以尤最,不知何者为先。然章句之言,有显有晦。显也者,繁词缛说,理尽于篇中;晦也者,省字约文,事溢于句外。然则晦之将显,优劣不同,较可知矣。夫能略小存大,举重明轻,一言而巨细咸该,片语而洪纤靡漏,此皆用晦之道也。

……

　　自兹已降,史道陵夷,作者芜音累句,云蒸泉涌④。其为文也,大抵编字不只,捶句皆双,修短取均,奇偶相配。故应以一言蔽之者,辄足为二言;应以三句成文者,必分为四句。弥漫重沓,不知所裁。是以处道受责

---

　　①韶、夏:传说是舜、禹时的乐曲名。　②秩秩:明智貌。
③洋洋:美盛貌。　④云蒸泉涌:形容层出不穷。

于少期①，子昇取讥于君懋②，非不幸也。

盖作者言虽简略，理皆要害，故能疏而不遗，俭而不阙。譬如用奇兵者，持一当百，能全克敌之功也。若才乏俊颖，思多昏滞，费词既甚，叙事才周，亦犹售铁钱者，以两当一，方成贸迁之价也。然则《史》、《汉》已前，省要如彼；《国》、《晋》已降③，烦碎如此。必定其妍媸，甄其善恶。夫读古史者，明其章句，皆可咏歌；观近史者，悦其绪言，直求事意而已。是则一贵一贱，不言可知，无假榷扬④，而其理自见矣。

昔文章既作，比兴由生，鸟兽以媲贤愚，草木以方男女，诗人骚客⑤，言之备矣。洎乎中代，其体稍殊，或拟人

---

① 处道受责句：处道，王沈字，与尚凯（jī 寄）、阮籍共撰《魏书》。裴松之字世期，因避唐太宗讳，故改作少期。刘知几原注：《魏书·邓哀王传》曰："容貌姿美，有殊于众，故特见宠异。"裴松之曰："一类之言而分以为三，亦叙属之一病也。"即言"容""貌""姿"三字为一类。 ② 子昇句：温子昇（495—547），北魏济阴冤句（今山东曹县西北）人。字鹏举。撰有《永安记》三卷。君懋，王劭字。刘知几原注：王劭《齐志》曰："时议恨邢子才不得掌兴魏之书，怅快温子昇，亦若此而撰《永安记》，率是支言。"支言：无关要旨的、浮华的言辞。 ③《国》、《晋》：《国》即《三国志》，《晋》即《晋书》。 ④ 榷（què 确）扬：略说。 ⑤ 诗人骚客：泛指诗歌辞赋作家。骚，指辞赋一类文体。

必以其伦,或述事多比于古。当汉氏之临天下也,君实称帝,理异殷、周;子乃封王,名非鲁、卫。而作者犹谓帝家为王室,公辅为王臣①。盘石加建侯之言②,带河申俾侯之誓③。而史臣撰录,亦同彼文章,假托古词,翻易今语。润色之滥,萌于此矣。

降及近古,弥见其甚。至如诸子短书④,杂家小说,论逆臣则呼为问鼎⑤,称巨寇则目以长鲸⑥。邦国初基,皆云草昧⑦;帝王兆迹,必号龙飞⑧。斯并理兼讽谕,言非指斥,异乎游、夏措词⑨,南、董显书

---

① 公辅:汉代三公九卿之类的辅佐大臣。 ② 盘石句:汉高祖封诸子弟于各地以巩固其统治,有固如盘石之类的话。盘石,也作"磐石",厚重的大石头。 ③ 带河句:周成王封周公的儿子于鲁,有"使河如带"的话。 ④ 短书:此指经史以外的一般书籍。 ⑤ 问鼎:九鼎为国宝,春秋时,楚国国君在周王室境内陈兵示威,周定王派王孙满去慰劳他,他向王孙满问鼎的大小轻重。见《左传·定公三年》。古代以问鼎意味着谋国。 ⑥ 长鲸:本指大鱼。这里比喻为巨寇、首恶。 ⑦ 草昧:天地初开时的混沌状态,后指混乱的时世。 ⑧ 飞龙:借指帝王。喻其居高位而临下,如龙飞在天。 ⑨ 游、夏措词:子游、子夏,孔子弟子,擅长文学。措词,指谈话为文时选用词句。

之义也①如魏收《代史》②，吴均《齐录》③，或牢宠一世，或苞举一家。自可申不刊之格言，弘至公之正说。而收称刘氏纳贡④，则曰"来献百牢"；均叙元日临轩，必云"朝会万国"⑤。夫以吴征鲁赋，禹计涂山，持彼往事，用为今说，置于文章则可，施于简册则否矣。……

---

① 南、董显书：南指南史氏；董，指晋太史董狐。齐大夫崔杼杀死齐庄公，太史写上"崔杼弑其君"，崔杼把太史杀掉。太史的两个弟弟继续这样写，又被杀掉。剩下的幼弟还是照样写，崔杼不敢再杀。南史氏听到太史全家为此事都死了，又带着照样写好的简前往，听到已经如实记载了，这才回去。事见《左传·襄公二十五年》。又赵盾的堂弟赵穿杀死暴君晋灵公。赵盾避害出走，董狐认为他身为执政大臣，灵公被杀死时未出国境，返回后又没有讨伐杀死国君的人，应负弑君的责任，因而写上"赵盾弑其君"，并在朝堂上当众宣布。后来孔子议论说："董狐，古之良史，书法不隐。"事见《左传·宣公二年》。 ② 魏收代史：指魏收所撰《魏书》，元魏初，国号代。 ③ 吴均齐录：指吴均所撰《齐春秋》，已佚。 ④ 刘氏纳贡：魏收《魏书·世祖太武帝纪下》：（太武帝）舆驾南伐，"刘义隆（刘宋文帝名）使献百牢，贡其方物"。此用《左传·哀公七年》"吴征鲁赋"典故。吴征鲁赋：吴欲霸中国，和（鲁）哀公会于鄫，向鲁征收百牢。牢，牛羊之类的牲畜。 ⑤ 朝会万国：禹在涂山会合诸侯，拿着玉帛来朝的有一万个国家。此用《左传·哀公七年》"禹会涂山"的典故。

昔夫子有云:"文胜质则史①。"故知史之为务,必藉于文。自《五经》已降,《三史》而往,以文叙事,可得言焉。而今之所作,有异于是。其立言也,或虚加练饰,轻事雕彩;或体兼赋颂,词类俳优②。文非文,史非史,譬夫乌孙造室,杂以汉仪③,而刻鹄不成,反类于鹜者也④。(节选)

【翻译】
......

好的国史,要善于叙事,而善于叙事的,又以简要为主。这简要的意义是很大的呀!普遍察看自古以来最早的著作,《尚书》开始记事,所记务必精减事实;《春秋》变了体裁,记言又重视省略文字。这大概是风气厚薄不

---

① 文胜质则史:文,文饰;质,朴质;史,史官。这里刘知几只是借重孔子的话,不是《论语·雍也》篇的本意。 ② 俳(pái排)优:优伶,古代以乐舞谐戏为业的艺人。 ③ 乌孙造室句:西汉时,龟兹王数来朝贺,喜欢汉衣服制度。归国后,建造宫室,作巡行警戒的道路,周围保卫,如像汉朝礼仪。当地人都说:"驴非驴,马非马,若龟兹王所谓蠃也。"蠃(luó骡的异体字),即骡子,驴与马杂交所生。见《汉书·西域传·龟兹》。依据《汉书》,则文中"乌孙"当为"龟兹"。 ④ 刻鹄句:《后汉书·马援传》载马援诫兄子书,有"所谓刻鹄不成尚类鹜者也"句。鹄,天鹅。鹜,野鸭。

同所造成的，前后风格不一样。尽管这样，但是文辞简约而事迹丰富，才是特别好的著作。从两汉开始，直到三国，国史的文辞，逐渐受到多而杂的影响。到晋朝以下，又有更大的发展。假如寻找它的多余句子，摘取它的琐碎词语，一行之中，一定有几个字是误加上的；一篇之内，常常有几行是空费笔墨。聚集（千万只）蚊子的声音就会形成震耳的雷声，堆积过多的轻物就可以压断车轴。何况章句不加节省，言词不加限制，就是能装它几大车，又有什么值得称道的呢？

叙事的体裁，可分别为四种：有直接记载才能品行的，有只记录事迹的，有凭言语就可以了解的，有借赞论而自然明白的。至于像《古文尚书》介绍帝尧的德行，就用"允恭克让"来表示；《春秋左传》说子太叔的状貌，就用"美秀而文"来示意。像这样的叙述，再没有加上其他说法，这就是所谓直记言行的例子。又如左丘明记载申生被骊姬所诬陷，上吊而死；班固《汉书》述说纪信被项籍围困，代替高祖而死。这些就不谈他们的节操，而忠孝自然明显，这也就是只书写事迹的例子。又如《尚书》叙述武王历数纣王的罪恶，在誓词中说："焚炙忠良，刳剔孕妇。"《左传》记载随会论说楚国，他说："筚辂蓝缕，以启山林。"这些是一概不写他们的才行事迹，只录相关的言辞，事情便显露出来了，这也就是凭言语就可以了解的例子。又如《史书·卫青传》后面，太史公说："苏建曾经责备大将军不推荐贤才不以礼待士。"《汉书·孝文纪》结尾，班固的赞语说："吴王濞装病不来朝见天子，文帝反而给他几杖。"这些是列传和本纪都并没有记载的，而由史臣发表议论引出那些事情，这也就是借赞语就自然明白的例子。既是这样，那么才行、事迹、言语、赞论，所有这四个方面，都不互相配合。如果都要完全写出来，那就有更多的烦琐的言辞。但是自古经史，一般多有这种缺点，能够避免的，大概不过十分之一二。

　　还有叙事的省略，可分为两类：一叫省句，二叫省字。《左传》记宋国华耦来鲁国盟会，说他的先人得罪宋国，迟钝的人认为他很聪敏，用迟钝的人称赞聪敏来衬托，那么也就明白被贤达所讥笑，这就是省句。《春秋经》说："陨石于宋五。"那就是先听到陨石落下的声音，然后才看见是陨石，数一下才知道五个。增加一个字就太详，减少一个字就太略。要求适中，简要合理，这是省字。与此相反的，如《公羊传》说郤克独眼，季孙行父秃头，孙良夫跛足，齐国用跛足的迎接跛足的，秃头的迎接秃头的，独眼的迎接独眼的。恐怕应该删除"跛的"以下句子，只说"分别用同类的人去迎接"。如果定要把事情说两遍，那就很费文辞，这就是烦句了。《汉书·张苍传》说："年老，口中无齿。"在这一句之内省去"年"及"口中"就可以了。这六字成句,而有三字妄加,这是烦字。那么省句容易,省字困难,透彻认识这种思想,才可以开始谈史。假如句意已完还有多余的字,文字都重复,史书的烦琐杂乱,常常是由于这个原因。

……

修饰字成为文辞,组织文辞成为句子,句子积累就构成章节,章节积累而成篇。篇目已经区分,一家之言就完备了。古时外交官员出境,以辞令为根本;大夫对答,以文辞为主旨。何况把章句组织起来,编订在史册,怎么可以不努力修饰,传给后代的读者呢?自来圣贤著述,叫做经典,句句都同韶、夏乐曲,字字都像琳琅美玉,听到的全是聪明多智的善言,又好又多啊。譬如在大海中游玩的人,空自惊异它的浩大辽阔;登上太山的人,只是叹息它的高峻无极。一定要摘取它特别好的文辞,也不知道从何摘起。但是章句的言辞,有的明显有的隐晦。明显的,是富丽的言词,道理全在一篇之中;隐晦的,是简要的文字,事迹超出文句之外,那末隐晦与明显,优劣不同,明显地看得出来。能够省略小的保存大的,举出重要的明白次要的,一两句话就把大事小事重要的次要的完全都概括进去,没有遗漏,这些都是使用隐晦的道理。

……

从此以后，编史的正道日趋衰微，字句烦杂累赘的作者，不断出现。他们作文的时候，大都组织文词不用单数，锤炼句子都要成双，长短要均匀，单双相配合。本来应该用一个字概括的，常常要凑成两个字；应该用三句成文的，一定要分为四句。到处都是重叠拖沓，不知有所删裁。因此王沈撰《魏书》受到裴松之的责难，温子昇撰《永安记》被王劭所讥笑，便是当然的。

作者的言辞虽然简略，事理都很重要，所以能够疏略而不遗漏，节约而不亏省。譬如用奇兵的人，用一当百，能够起到全部战胜敌人的作用。如果缺少突出的才能，思想又很不敏锐，费词已经很多，叙事方才周详，犹如卖铁钱的，用两个当一个，才能成为买卖的价钱。这样看来《史记》、《汉书》以前，是那样的简要；《三国志》、《晋书》以下，又是这样的烦琐。必须认定它们的美丑，分清它们的好坏。读古代史书，明了它的章句，都可讽诵；看近代史书，语句虽有可喜欢的，但不含蓄，只能直接得到叙事的意义罢了。这就是一贵一贱一高一低，不说可以知道，用不着什么讨论，它的道理就自然明白了。

有了文章著述以后，比喻寄托就由此而生。用鸟兽比贤愚，用草木比男女，诗人骚客，使用得很普遍了。到了中古时代，它的体裁稍有不同，有的拟人必用同类古人,有的叙事多采古事相比。当汉朝治理天下的时候,君主实际上称皇帝,情理已不同于殷周;儿子就是封王,名分也与鲁、卫不一样。但是作者仍然称帝家为王室,称公卿为王臣。分封诸侯王国要加上盘石之固的话语,命令诸王为国君仍用山河如带的誓言。而史臣撰入史书,也同样用那些文辞,假借古代言词,翻成当今用语。修饰之滥,就从此开始了。

到了近古,更加表现突出。至于像诸子短书,杂家小说那样,说叛臣就呼为"问鼎",称大盗就叫做"长鲸"。邦国开始建立,都说成"草昧";帝王的征兆迹象,一定号称龙飞。这些都含有讽谕的味道,不是指斥的言辞,与子游、子夏的讲话修辞,南史、董狐的直书文意都不同了。如像魏收《魏史》,吴均《齐录》,或包罗一世,或概括一家,自可申述不容改动的格言,发扬最公道的正直言辞。但是魏收称刘氏向国君进贡,却叫做"来献百牢"。吴均叙述元旦临期,一定要说成"朝会万国"。用吴国征收鲁国的赋税,夏禹在涂山会合诸侯的典故,拿那些以往的事情,来充今天的言语,放在一般文章中还可以,用在史书里就不行了。

……

从前孔子有这样的话:"文饰胜过朴质就像史官。"所以知道从事史书著述,必定借助于文辞。自《五经》以后,三史以前,用文辞叙事,是可以谈论的。可是现在的著述,与这些不同。他们的著述,有的虚加修饰,随意彩画;有的文体如同赋颂,言词类似优伶。文章不像文章,史书不像史书。譬如龟兹王建造宫室,杂用汉家礼仪,这就是雕刻天鹅不成,倒像是野鸭子了。

直 书

　　本篇和《曲笔》都是《史通》论述"史笔"的文章。我国古代编纂史书有"直书"与"曲笔"两种不同的笔法。"直书"按历史真实进行记载；"曲笔"则违背客观事实，迎合有权势者而加以隐讳。刘知几力主"直书"，反对"曲笔"。本篇论证了"直书"的必要和它的作用，叙述了过去许多因直书而被害的事实，揭露出何以直书少而曲笔多的一些社会根源。他希望史家应不计个人安危荣辱，能"仗气直书，不避强御"，"肆情奋笔，无所阿荣"。这些见解，对维护历史记载的真实性，有其积极的作用。

夫人禀五常①,士兼百行②,邪正有别,曲直不同③。若邪曲者,人之所贱,而小人之道也;正直者,人之所贵,而君子之德也④。然世多趋邪而弃正,不践君子之迹,而行由小人者,何哉?语曰:"直如弦,死道边;曲如钩,反封侯⑤。"故宁顺从以保吉,不违忤以受害也。况史之为务,申以劝诫,树之风声⑥。其有贼臣逆子,淫君乱主,苟直书其事,不掩其瑕⑦,则秽迹彰于一朝,恶名被于千载。言之若是,吁可畏乎⑧!

　　夫为于可为之时则从,为于不可为之时则凶。如董狐之书法不隐,赵盾之为法受屈⑨,彼我无忤,行之不疑,然后能成其良直,擅名今古。至若齐史之书崔弑⑩,马迁

---

　　① 禀:领受。五常:金、木、水、火、土,此指人的气质。　② 兼:同时具有。百行(xíng 姓):多种品行。　③ 邪正、曲直:犹是非、善恶。　④ 小人:指人格卑鄙的人。君子:指人格高尚的人。　⑤ "直如"四句:东汉顺帝末年京师的童谣。顺帝去世,太尉李固议立有德行的清河王为帝;大将军梁冀则拥立年幼的桓帝,既可居功,又能擅权。桓帝即位后,李固被处死,暴尸道路,而梁冀的朋党却都封了侯。事见《后汉书·五行志一》。　⑥ 风声:风化声教。　⑦ 瑕:疵病、过失。　⑧ 吁:叹词。　⑨ "如董"二句:见《叙事》篇"南董显书"条注。　⑩ "至若齐史之书崔弑"句:见《叙事》篇注。

之述汉非①,韦昭仗正于吴朝②,崔浩犯讳于魏国③,或身膏斧钺④,取笑当时;或书填坑窖,无闻后代。夫世事如此,而责史臣不能申其强项之风⑤,励其匪躬之节⑥,盖亦难矣。是以张俨发愤,私存《嘿记》之文⑦;孙盛不平,窃撰辽东之本⑧。以兹避祸,幸获两全。足以验世途

---

①"马迁"句:司马迁作《史记》,其中曾抨击汉文帝,说他"赏太轻,罚太重"。指责汉武帝,说他穷兵黩武,卖官鬻爵。 ②"韦昭"句:韦昭即韦曜,三国时吴国的史官。吴主孙皓令韦昭为其父孙和作"纪"。韦曜认为孙和未当皇帝,只能立传。孙皓怀恨,后来借故杀掉韦曜。事见《三国志·吴志·韦曜传》。仗正:主持正义。 ③崔浩(?—450):崔浩在北魏受封为东郡公,官太常卿,于太武帝拓跋焘神䴥(jiā加)二年(429)奉诏编撰《魏书》。崔浩据事直书,受到一些鲜卑贵族的怨恨。后来以修史暴露"国恶"的罪名被杀。事见《北史·崔宏附子浩传》。 ④身膏斧钺:意思是被处死。 ⑤强项:指性格刚强不肯低头下人。项,颈后部。 ⑥匪躬:忠于职守而奋不顾身。 ⑦张俨:字子节,三国时吴郡(今江苏苏州市)人,博文多识,任吴大鸿胪。曾出使晋,晋贾充、荀勖以史事相难,后发愤撰《默记》三卷,收藏起来。事见《三国志·吴志·孙皓传》。嘿,同默。 ⑧"孙盛"二句:东晋孙盛,在其所撰的《晋阳秋》中,据事直书。其中记载了桓温在枋头(今河南浚县西南)败于燕将慕容垂的事,桓温大为不满,威逼孙盛的儿子作了修改。其后孙盛为了保存真实的历史记载,将原著另抄一份,寄给辽东慕容儁收藏。故《晋阳秋》有两种本子流传后世,内容有所不同。事见《晋书·孙盛传》。

之多隙,知实录之难遇耳。

　　然则历考前史,征诸直词,虽古人糟粕,真伪相乱,而披沙拣金①,有时获宝。案金行在历②,史氏尤多。当宣、景开基之始③,曹、马构纷之际④,或列营渭曲,见屈武侯⑤,或发仗云台,取伤成济⑥。陈寿、王隐咸杜口而无言⑦;陆机、虞预各栖毫而靡述⑧。至习凿齿⑨,乃申以死葛走达之说,抽戈犯跸之言,历代厚诬,一朝如雪。考

---

①　披沙拣金:比喻细心挑选。　②　金行:指西晋。按五行迷信的说法,晋朝以金德王天下。　③　宣、景:晋宣帝司马懿和景帝司马师。　④　曹、马:指曹氏和司马氏两个统治集团。⑤　"或列"二句:蜀丞相武乡侯诸葛亮据武功,与魏宣王司马懿相持于渭曲(今陕西大荔县东南),后诸葛亮病死军中,司马懿得知,立即追击。姜维令杨仪反旗鸣鼓,佯装欲与魏军作战,司马懿畏惧,不敢进逼。杨仪从容结队撤走。当时百姓嘲笑司马懿:"死了的诸葛亮吓跑了活着的司马仲达。"事见《三国志·蜀志·诸葛亮传》注引《汉晋春秋》。　⑥　"或发"二句:魏高贵乡公曹髦召王经等说:"司马昭之心,路人皆知也,吾不能坐受废辱,当与卿等自出讨之。"于是率领僮仆数百,下凌云台,把铠甲、兵器发给军士出讨。贾充迎战,命太子舍人成济刺杀曹髦。见《三国志·魏志·高贵乡公纪》注引《汉晋春秋》。下文抽戈犯跸,即指此事。跸(bì避):帝王的车驾。　⑦　陈寿(233—299):晋人,《三国志》的作者。王隐:见《二体》注。　⑧　陆机(261—303):西晋人,曾撰写《三祖记》。虞预:见《二体》注。　⑨　习凿齿(?—384):晋襄阳人,字彦威,博学洽闻,以文学著称,曾撰写《汉晋春秋》。

斯人之书事,盖近古之遗直欤①?次有宋孝王《风俗传》、王劭《齐志》,其叙述当时,亦务在审实。案于时河朔王公②,箕裘未陨③;邺城将相④,薪构仍存⑤。而二子书其所讳,曾无惮色。刚亦不吐⑥,其斯人欤?

盖烈士徇名⑦,壮夫重气,宁为兰摧玉折,不作瓦砾长存。若南、董之仗气直书,不避强御;韦、崔之肆情奋笔,无所阿容⑧。虽周身之防有所不足,而遗芳余烈,人到于今称之。与夫王沈《魏书》,假回邪以窃位⑨,董统燕史,持谄媚以偷荣⑩,贯三光而洞九泉⑪,曾未足喻其高下也。

---

① 古之遗直:古人正直的遗风。 ② 河朔:泛指黄河以北地区,北魏主要活动在这一带。此指北魏。 ③ 箕裘灭陨(yǔn允):指北魏王公后裔威势尚在。箕裘,比喻祖先的事业。陨,坠落。 ④ 邺城:在今河南临漳县西,北齐曾建都于此。此指北齐。 ⑤ 薪构:"薪"即"薪传",谓柴虽烧尽,火种仍可留传;"堂"即"堂构",谓立堂基,盖房屋。此喻北齐父祖的遗业。 ⑥ 刚亦不吐:意指不畏强暴。 ⑦ 徇名:为美好的名声而舍身。 ⑧ 阿容:曲从容忍。 ⑨ 王沈《魏书》:王沈,字处道,太原晋阳(今山西太原市)人。晋初,奉诏修《魏书》四十八卷,内多歪曲的记载。回邪:枉曲,不正。 ⑩ 董统:董统于后燕建兴元年(386)受诏撰写后燕的历史,著本纪、功臣王公列传,共三十卷。对后燕建国的记载,多褒美失实。 ⑪ "贯三"句:贯三光,指上天;洞九泉,指下地。

【翻译】

　　人们禀赋各种气质，兼有多样品行，是非善恶，各不相同。邪曲，大家所轻视，是小人走的路子；正直，大家所崇尚，是君子的品德。然而世间走向不正而抛弃正直，不跟随君子的脚迹，而趋附小人的很多，这是为什么？东汉顺帝末年京城的童谣说："直如弦，死道边；曲如钩，反封侯。"所以人们宁愿顺从权势以维护吉利，不违背抵触它而受到伤害。何况史家的任务，在于申述劝勉告诫，树立良好风尚。或有贼臣逆子，淫君乱主，假若如实地记载他们的事情，不掩盖他们的过失，那么污浊的事迹一旦暴露，丑恶的名声就会流传千年。言论的威力如此，对作恶者来说，真可怕啊！

　　在能有所作为的时代据实直书，倒还可以容许；处在不能有所作为的时代据实直书，就会遭遇不幸。如晋太史董狐据法直书而不隐讳，赵盾为了法而遭受委曲，他们彼此没有抵触，这样做了也不被疑忌，然后才能成为良大夫和好史官，大有名望于古今。至于齐太史直书"崔杼弑其君"，司马迁记载西汉帝王的过失，韦昭在吴国主持正义，崔浩在北魏据实直书犯了忌讳，他们或者人被处死，取笑当时；或者写的书被丢弃沟渠，声名没有流传后代。世上的事情像这样，而责难史官不能展现他们刚强不屈的风格，坚持奋不顾身的节操，大概也困难吧！所以张伊发愤著述，私藏所撰《默记》一书；孙盛对桓温逼迫修改《晋阳秋》心怀不平，而将另抄的原本寄到辽东去收藏。用这样的办法来逃避灾祸，希望获得既存书又免害的两全之计。足以证明世途险阻重重，知道真实记载的历史难得啊。

那么遍考前代史书，证之于如实记载的言词，虽然古人遗留下来的未经甄别的记载，真假混乱，但如细心挑选，有时还能得到宝贵的资料。考查西晋时期，写历史的人特别多。当晋宣帝、景帝创业的初期，曹氏、司马氏因争权夺位而结怨纷争的时候，或者是司马懿与诸葛亮在渭曲驻军相持，受到武乡侯的屈辱；或者是曹髦把铠甲、兵器发给军士，下凌云台讨伐司马昭时，反被成济刺杀。对这些事件，陈寿的《三国志》、王隐的《晋书》都闭口不言，陆机的《三祖记》、虞预的《晋书》也都搁笔不加记叙。到了习凿齿，才申述"死诸葛吓走生仲达"的说法和成济刺杀曹髦的言词。对于历代歪曲诬枉的记载，当即得到昭雪。考查习凿齿等这样地记载史实，大概近乎古人刚直不阿的遗风吧？再有宋孝王《风俗传》、王劭《齐志》，他们叙述当时发生的事情，也务必精确真实。按那时北魏王公、北齐将相，祖先的遗业仍然存在，尚未坠落，还是有权有势。而宋孝王、王劭记载他们所忌讳的事情，一点没有畏惧的神色。所谓顶得住强暴，岂不就是这样的人吗?

  坚贞刚强的人舍身以追求美好的名声,怀抱慷慨的人崇尚气节。他们宁愿像兰玉一样洁身摧折,不愿像瓦砾那样苟且长存。如像南史、董狐的坚持正气如实记载历史,不逃避横暴的权势者;韦昭、崔浩纵情奋笔,没有曲从容忍的记述。虽然从周全保护自己的角度看有所不够,但是留下了好的名声,直到现在人们还称赞他们。比起王沈的《魏书》,借歪曲记载历史得到高官,又如董统的《燕史》,用巴结奉承以窃取荣华富贵,即使把南、董等人放在天上而把沈、统放在地下,也不能比喻他们相去的高下啊。

曲　笔

　　这篇文章是《直书》的续篇。前篇赞美直书笔法的可贵,本篇则对不敢据事直书的曲笔痛加斥责。

　　曲笔,从《春秋》的隐讳笔法开始,自此以后,竞相承袭,各代都有。他列举了历代史书中的曲笔。说这些曲笔是置史家正直公正的情操于不顾,表现了作者极大的义愤。他强调史书的作用在于记功察过,显善憎恶,反映真实,得失一时,荣辱千载。他告诫史家不能违背这个法则,并且进一步指出,历代史书之所以多曲笔,还因为直书的史家常常遭到杀害,而曲笔的作者却没有受到应得的惩罚,他由此慨叹记录真实的历史是多么困难！他希望执政者惩戒曲笔者,改变这种情况。

作者一方面对《春秋》事涉君亲,必言多隐讳有所不满；另一方面却又肯定它维护了名分礼教；而且,他提倡直书,痛斥曲笔的最终目的,仍不过是"激扬名教以劝事君者",这是他的思想局限和不足之处。

肇有人伦,是称家国。父父子子,君君臣臣,亲疏既辨,等差有别。盖"子为父隐,直在其中",《论语》之顺也；略外别内,掩恶扬善,《春秋》之义也。自兹已降,率由旧章。史氏有事涉君亲,必言多隐讳,虽直道不足,而名教存焉①。其有舞词弄札,饰非文过,若王隐、虞预毁辱相凌②,子野、休文释纷相谢③。用舍由乎臆说④,威福

---

① 名教:指以正名定分的封建礼教。 ② 王隐、虞预句:晋元帝命王隐编纂晋史。当时虞预私自编著《晋书》,抄袭王隐的著作,并交结权贵排斥王隐,后以诽谤被免职。 ③ 子野、休文句:休文即沈约,所撰《宋书》,提到裴松之时,说他后代没有出名的。裴子野改编他曾祖裴松之续修的《宋史》为《宋略》二十卷,提到淮南太守沈璞被诛,因他不从义军。沈约害怕,两次向子野认错。并叹息说:我的《宋书》不及他。沈璞是沈约的父亲。 ④ 臆说:没有根据的言谈。臆,主观。

行乎笔端，斯乃作者之丑行，人伦所同疾也。亦有事每凭虚①，词多乌有②：或假人之美，藉为私惠；或诬人之恶，持报己仇。若王沈魏录滥述贬甄之诏③，陆机《晋史》虚张拒葛之锋④，班固受金而始书，陈寿借米而方传⑤。此又记言之奸贼，载笔之凶人，虽肆诸市朝，投畀豺虎可也。

……

古者，诸侯并争，胜负无恒，而他善必称，己恶不讳。逮乎近古，无闻至公，国自称为我长，家相谓为彼短。而魏收以元氏出于边裔⑥，见侮诸华，遂高自标举，比桑乾于姬、汉之国⑦；曲加排抑，同建邺于蛮貊之邦⑧。夫以

---

① 凭虚：依托虚无。 ② 乌有：没有。 ③ 王沈魏录句：王沈不忠于魏，著书贬甄后，借以张扬曹魏的丑事。 ④ 陆机晋史句：陆机著《晋三祖纪》，其中有夸张司马懿抗拒诸葛亮取胜立功之词。 ⑤ 班固受金、陈寿借米：指班固曾招致受金才著书的名声，陈寿有求米才为别人列传的说法。事见《周书·柳虬传》所引，后来许多人为之辨诬，其说不可尽信。
⑥ 元氏出于边裔：北魏孝文帝于公元493年改姓元，故又称元魏，其先出于鲜卑族拓跋部。 ⑦ 比桑乾（gān竿）于姬、汉：北魏置桑乾郡（今山西山阴县南），故以桑乾为北魏开国之称。姬：指周朝。 ⑧ 同建邺于蛮貊句：南朝宋、齐、梁、陈，除梁元帝暂居江陵外，其余都建都建邺（今江苏南京）。故以建邺为南朝的代称。魏收的《魏书》把宋、齐、梁称为岛夷，同于"五胡"。

敌国相仇,交兵结怨,载诸移檄,用可致诬,列诸缃素①,难为妄说。苟未达此义。安可言于史邪?夫史之曲笔诬书,不过一二,语其罪负,为失已多。……

盖霜雪交下,始见贞松之操;国家丧乱,方验忠臣之节。若汉末之董承、耿纪②,晋初之诸葛、毌丘③,齐兴而有刘秉、袁粲④,周灭而有王谦、尉迥⑤,斯皆破家殉国,视死犹生。而历代诸史,皆书之曰逆,将何以激扬名教,以劝事君者乎!古之书事也,令贼臣逆子惧;今之书事也,使忠臣义士羞。若使南、董有灵,必切齿于九泉之

---

① 缃素:古代写本用缣素,染成浅黄色的叫缃素。这里指史书。 ② 董承、耿纪:汉献帝建安五年,车骑将军董承,受献帝密诏诛曹操,事败露后,曹操杀董承等并诛三族。又二十三年,少府耿纪,起兵诛曹操,事败,三族被杀。 ③ 诸葛、毌丘:诸葛诞,字公休。大将军司马师命诞督军寿春,诞累见司马集团擅自诛杀,遂反。大将军司马昭讨伐,杀诞。毌(guàn 贯)丘俭(?—255),字仲恭。他假托太后诏令,数落大将军司马师罪状,举兵反。大将军征讨射杀俭。 ④ 刘秉、袁粲:袁粲字君倩,南北朝宋人。和齐王、刘秉共理国家大事。齐王功高,将接帝位,粲与刘秉合谋即日假托太后令,攻打齐王。事败露,齐王杀袁粲及刘秉。刘秉:宋宗室。齐王:即齐高帝萧道成。 ⑤ 王谦、尉迥:王谦为益州总管,见政由隋高祖杨坚出,就以匡复为辞,进兵驻剑阁。兵败被杀。周帝拜隋高祖杨坚为左大丞相,百官都听从,惟尉迟迥举兵东夏。兵败被诛。

下矣。

　　自梁、陈已降,隋、周而往,诸史皆贞观年中群公所撰①,近古易悉,情伪可求②。至如朝廷贵臣,必父祖有传,考其行事,皆子孙所为,而访彼流俗,询诸故老,事有不同,言多爽实。昔秦人不死,验苻生之厚诬③;蜀老犹存,知诸葛之多枉④。斯则自古所叹,岂独于今哉!

　　盖史之为用也,记功司过,彰善瘅恶,得失一朝,荣辱千载。苟违斯法,岂曰能官。但古来唯闻以直笔见诛,不闻以曲词获罪。是以隐侯《宋书》多妄⑤,萧武知而勿尤;伯起《魏史》不平,齐宣览而无谴⑥。故令史臣得爱

---

① 诸史:指《梁》、《陈》、《北齐》、《北周》及《隋书》、《南北史》。贞观:唐太宗即位于公元627年,改年号为贞观。 ② 情伪:情,真实;伪,虚假。 ③ 秦人不死句:《晋书》载苻生字长生,杀戮无道,宗室勋旧,亲戚忠良,杀害略尽。而《洛阳伽蓝记》载晋时隐士赵逸为他辨诬说:苻生虽好勇嗜酒,亦仁而不杀,天下的罪恶都归在他身上。 ④ 蜀老犹存句:《魏书·毛修之传》载:崔浩曾和毛修之评论陈寿《三国志》。修之说:过去在蜀中听长老言陈寿曾任诸葛亮门下书佐,被鞭挞百下,所以他诋毁武侯应变将略非其所长。 ⑤ 隐侯《宋书》多妄:《宋书》,沈约采徐爰旧本增删而成。所载史事,于朝廷的错误,常加隐讳,多不真实,故说它多妄。隐侯即沈约,约曾封建昌县侯,卒谥隐。 ⑥ 伯起《魏史》不平:魏收字伯起,所撰《魏书》,回护朝廷,谄附权贵,是非不公正,被称为秽史,故说《魏史》不平。

憎由己,高下在心,进不惮于公宪,退无愧于私室,欲求实录,不亦难乎？呜呼！此亦有国家者宜惩革也。（节选）

【翻译】

　　人类社会开始有了共同遵守的行为准则,这时才能够称家称国。父亲像父亲,儿子像儿子,君像君,臣像臣,亲疏关系分辨清楚了,等级次序就有了区别。"子为父隐,直在其中",这是《论语》遵循的道理；分别内外,对鲁国隐恶扬善,对他国则相反,这是《春秋》的大义。从此以后,大家都遵循这个老规矩。史官有涉及国君亲父的事,一定要在言辞上多加隐瞒回避,这虽然不够称为正直之道,但是它保存了名分礼教。至于有的玩弄文词,用虚伪的言辞掩饰错误,如像虞预对王隐诽谤侮辱相欺,沈约再三向裴子野认错消除了纠纷。事实的取舍由自己主观的言谈决定,刑罚和奖赏在自己的笔下执行,这是作者的丑恶行为,为人们所共同憎恨的。也有的人记事常常没有依据,言辞多出虚设：或是赞美别人,藉以报答私人的恩惠；或者诬陷别人,用来报复自己的私仇。如像王沈《魏录》滥述贬谪甄后的诏命,陆机《晋史》夸饰司马懿抗拒诸葛亮的胜算,班固收受贿赂才撰写史书,陈寿借千斛米才为人立传。这又是记载历史的奸贼,撰著史书的凶人,即使把他们的丑恶行为公诸于大庭广众,把他们投之于豺虎之口也是可以的。
……

古时候诸侯一起争夺天下,胜败没有一定,但对他人的好事必定称赞,对自己的坏事也不隐讳。到了近古,再没有听说有极公正的人了,两国自称唯我最好,国君之间互相说对方的不是。魏收就因元氏出于边远后裔,被华夏轻慢,于是抬高自己的身价,把北魏同姬姓的周朝、刘姓的汉朝相比;又从各方面对南朝加以贬低,说建邺同蛮貊之邦完全一样。因为敌国相仇,交兵结怨,记载于讨伐的檄文中,可以以此达到诬蔑的目的,编撰在史册当中,随意乱说就很难成为事实。如果不能完全明白这个道理,怎么可以谈论历史呢?那些史书中不敢据事直书的笔法,捏造事实的记载,虽然很少,但说它应该承担的罪责,造成的过失就已经很多了。……

霜雪交加的时候,才看得出松树的贞操;国家危亡战乱之际,才能考验出忠臣的气节。如像汉末的董承、耿纪,晋初的诸葛诞、毋丘俭,南齐兴起而有刘秉、袁粲,北周灭亡而有王谦、尉迟迥,这些人都是破家殉国,视死如生。然而历代诸史,都把他们说成是叛逆,将用什么来激扬名分礼教,用什么来劝勉奉事君主的人呢!古时的史书记事,使叛臣逆子害怕;今时的史书记事,使忠臣义士羞愧。如果南史、董狐灵魂有知,必当含恨九泉之下。

从梁、陈以下,隋、周以前,许多正史都是贞观年间一些史家撰写的,近古的事情容易知道,真假可以探求。至于像朝廷贵臣,父亲祖父一定有传,考查他们的行事,都是子孙的所作所为,而访问那些一般的人,询问年纪大的老人,事情有所不同,言辞大多失实。过去,秦人不死,可以验证苻生受到的许多诬谤,蜀老还在,就知道诸葛亮大遭冤枉。这些自古以来就令人叹息的往事,难道只有在今天才会有吗?

史书的作用,在于记功察过,宣扬美好,憎恨丑恶,一时的好坏优劣,关系着千年的荣辱。如果违背了这些法规,难道可以说是好的史官么?但是自古以来只听说秉笔直书的史官被杀,没有听说曲笔的作者获罪。因此隐侯沈约的《宋书》多不真实,梁武帝萧衍知道而不加责罚;伯起《魏史》不能公正,齐宣帝高洋看了而没有进行谴责。所以使史官可以凭自己的心意决定爱憎和褒贬,身在史职不惧怕公正无私的法规,退居家室不感到有丝毫的羞愧,要想求得实录,不也是很困难的吗?唉!这也是国家的君主所应该加以惩戒革除的啊。

鉴　识

　　编撰史书必须要有鉴识,就是要具有高明的见解,深邃的审察能力。缺乏鉴识,必然会违背事理,不辨是非。

　　刘知几认为史识和才学有密切的关系,学者必须能够窥探史书的幽隐,搜求深远的事理,才能辨别利害,分清善恶,这是作者的创见。但是他没有认识到,人们鉴识的高低不同,还有着阶级或政治的原因,因而他把人们对史书的毁誉归之于认识的通塞,神智的晦明,把人事的兴废,史书的为用与否,都归之于时机和命运,又表现出不够全面、客观的思想观点。

夫人识有通塞，神有晦明，毁誉以之不同，爱憎由其各异。盖三王之受谤也，值鲁连而获申①；五霸之擅名也，逢孔宣而见诋②。斯则物有恒准，而鉴无定识，欲求铨核得中，其唯千载一遇乎！况史传为文，渊浩广博，学者苟不能探赜索隐③，致远钩深④，乌足以辨其利害，明其善恶。

观左氏之书，为传之最，而时经汉、魏，竟不列于学官，儒者皆折此一家，而盛推二传。夫以丘明躬为鲁史，受经仲尼，语世则并生，论才则同耻⑤，彼二家者，师孔氏之弟子⑥，预达者之门人，才识本殊，年代又隔，安得持彼传说，比兹亲受者乎！加以二传理有乖僻，言多鄙野，方

---

① 三王受谤句：战国时田巴诽谤三王，鲁仲连为三王辩说，从而得到昭雪。三王，指夏禹、商汤、周文王。　② 五霸见诋句：春秋时先后称霸的有齐桓公、晋文公、秦穆公、宋襄公、楚庄王五个诸侯。孔子、孟子都崇尚王道，反对霸道。　③ 探赜索隐：窥探幽深，求索隐微。赜(zé责)：精微、深奥。　④ 致远钩深：此指治学的广博精深。钩，同"钩"，探取。　⑤ 语世、论才句：孔子和左丘明共同观看以前史书，口授弟子。事见《汉书·六艺略·春秋》。孔子论述人才时又说："巧言令色，足恭，左丘明耻之，丘亦耻之。"事见《论语·公冶长》。　⑥ 彼二家句：二传指《公羊传》、《穀梁传》。公羊高：战国齐人，孔子门人子夏的弟子。他传授《公羊传》。穀梁赤：也是子夏的弟子，战国鲁人。他传授《穀梁传》。

诸左氏，不可同年。故知《膏肓》、《墨守》①，乃腐儒之妄述；卖饼、太官②，诚智士之明鉴也。

逮《史》、《汉》继作，踵武相承。王充著书，既甲班而乙马③；张辅持论，又劣固而优迁④。然此二书，虽互有修短，递闻得失，而大抵同风，可为连类。张晏云：迁殁后，亡《龟策》、《日者传》，褚先生补其所缺，言词鄙陋，非迁本意。案迁所撰《五帝本纪》、七十列传，称虞舜见厄，遂匿空而出⑤；

---

① 《膏肓》、《墨守》：即《公羊墨守》、《左氏膏肓》，两书都是东汉何休著。休字邵公，任城樊（今山东曲阜）人。东汉经学家。　② 卖饼、太官：晋司隶钟繇不喜好《公羊》而喜好《左氏》，称《左氏》为太官厨，《公羊》为卖饼家，有高低之分。事见《三国志·魏书·裴潜传》裴松之注引《魏略·严幹等传》。　③ 王充著书句：王充（27—约97）：字仲任，会稽上虞（今属浙江）人。东汉哲学家。著有《论衡》。王充在《论衡·超奇》篇中认为"班叔皮续太史公书百篇以上，记事详悉，义浅理备，读者以为甲，而太史公为乙。"叔皮：即班彪，班固的父亲。　④ 张辅持论句：《史通》原注：张辅《名士优劣论》说：世人谈司马迁、班固的才能优劣，多以班为胜。我以为史迁叙三千年事，五十万言，班固叙二百年事，八十万言。烦省不敌，班固不如司马迁是无疑的。　⑤ 虞舜见厄句：舜名重华。父瞽叟爱后妻生的儿子，常想杀舜，叫舜淘井，舜藏身在井壁的空隙，其后从旁边穿孔而出。空（kòng控）：空隙。事见《史记·五帝本纪·舜》。

宣尼既殂，门人推奉有若①。其言之鄙，又甚于兹，安得独罪褚生，而全宗马氏也？刘轨思商榷汉史②，雅重班才，惟讥其本纪不列少帝，而辄编高后③。案弘非刘氏，而窃养汉宫，时天下无主，吕宗称制，故借其岁月，寄以编年。而野鸡行事④，自具《外戚》。譬夫成为孺子，史刊摄政之年⑤；厉亡流彘，历纪共和之日⑥。而周、召二公，各世家有传⑦。班氏式遵曩例，殊合事宜，岂谓虽浚发于巧心，反受嗤于拙目也。

刘祥撰《宋书》序录⑧，历说诸家晋史，其略云："法盛

---

① 宣尼既殂句：孔子死后，弟子们思慕孔子，其中有若貌似孔子，弟子们共推他为师。事见《史记·仲尼弟子·有若》。 ② 刘轨思：北齐，渤海人。 ③ 不列少帝句：汉惠帝无子，取后宫美人的儿子为太子。帝死，立太子为皇帝，是为少帝。年幼，太后行使皇帝权力，所以没有为他立纪。太后：即吕后，名雉，字娥姁（xǔ许）。雉，野鸡。下文"野鸡行事"即指吕雉。事见《汉书·高后纪》。 ④ 弘非刘氏：吕后幽杀少帝（后宫美人子），又立常山王刘弘为帝，也称少帝。刘知几以"弘非刘氏"有误，前少帝才不是刘氏子。见同上。 ⑤ 成为孺子句：指周成王年幼，周公摄政。 ⑥ 厉亡流彘句：周厉王暴虐，老百姓有怨言，召公劝谏他，不听。后不断发生暴乱，袭击厉王，厉王逃往彘（zhì至）。召公、周公二相摄政，称为"共和"。事见《史记·周本纪》。 ⑦ 各世家有传：浦起龙《史通通释》注："句必有误，详此句当云'各有世家'。" ⑧ 刘祥：字显微，南朝宋时东莞莒（今山东莒县）人。撰《宋书》。

《中兴》①，荒庄少气，王隐、徐广②，沦溺罕华。"夫史之叙事也，当辩而不华，质而不俚，其文直，其事核，若斯而已可也。必令同文举之含异③，等公干之有逸④，如子云之含章⑤，类长卿之飞藻⑥，此乃绮扬绣合，雕章缛彩，欲称实录，其可得乎？以此诋诃，知其妄施弹射矣。

夫人废兴，时也，穷达，命也。而书之为用，亦复如是。盖《尚书》古文，《六经》之冠冕也⑦，《春秋左氏》，《三传》之雄霸也。而自秦至晋，年逾五百，其书隐没，不行于世。既而梅氏写献⑧，杜侯训释⑨，然后见重一时，擅

① 法盛《中兴》：何法盛，南朝宋人。著《晋中兴书》，已亡佚。 ② 王隐、徐广：见《六家》、《二体》篇注。 ③ 文举含异：孔融（153—208）：字文举，东汉鲁国人。这里指他的文章有不同于一般的气质。 ④ 公干有逸：刘桢（？—217）：字公干，三国魏人。指他的文章有高爽之气。 ⑤ 子云含章：子云即扬雄。指他的著作包含有内在的美质。 ⑥ 长卿飞藻：司马相如（前179—前117）：字长卿。西汉辞赋家。蜀郡成都（今四川成都）人。这里指他的辞赋辞采飞动。 ⑦《六经》：见《六家》注。 ⑧ 梅氏写献：梅赜，字仲真，东晋人。他得到孔安国传的古文《尚书》，但缺《舜典》一篇，献给朝廷。事见《隋书·经籍志·尚书志》。经前代学者考证，他所献的是伪书。 ⑨ 杜侯训释：杜预（222—264）：字元凯，京兆杜陵（今陕西西安东南）人。因有功于晋，封爵当阳县侯。故称杜侯。著《春秋左氏经传集解》等。事见《晋书·杜预传》。

名千古。若乃《老经》撰于周日①,《庄子》成于楚年②,遭文、景而始传③,值嵇、阮而方贵④。若斯流者,可胜纪哉! 故曰:"废兴,时也,穷达,命也。"适使时无识宝,世缺知音,若《论衡》之未遇伯喈⑤,《太玄》之不逢平子⑥,逝将烟烬火灭,泥沉雨绝,安有殁而不朽,扬名于后世者乎!

【翻译】

　　人的认识有畅通、滞塞,人的神智有昏愦、清醒,因此对于事物的毁谤赞美各不相同,喜恶爱憎不会一样。

---

　　①《老经》:老子姓李,名耳,字聃。著书上下篇即《道德经》,约五千余言。事见《史记·老子列传》。 ②《庄子》:庄子名周,著《庄子》十余万言。大都采用寓言故事,想象丰富。事见同上。 ③遭文、景句:指汉文帝、汉景帝都喜欢老、庄。遭:遇。 ④值嵇、阮句:嵇康(223—262):晋朝人,字叔夜。好老、庄,著《养生论》,作《幽愤诗》说"托好老、庄,贱物贵身,志在宗朴,养素全真"。值:逢。阮籍(210—263):字嗣宗。博览群书,尤好《庄子》,著《达庄论》,叙述无为之贵。 ⑤《论衡》遇伯喈句:王充所著《论衡》,中原没有流传的,蔡邕(伯喈)入吴,才得到它,经常悄悄地阅读,作为言谈之助。事见《后汉书·王充传》李贤注引袁山松说。 ⑥《太玄》句:张衡(78—139),字平子,东汉人。他喜好玄经,对崔瑗说:我观看《太玄》,才知道子云妙极道数,是和《五经》同类。汉代四百年后,太玄经将兴盛。事见《后汉书·张衡传》。

当三王受到田巴诽谤的时候,碰到鲁仲连而得到昭雪;当五霸大有名声的时候,遇上孔子而受到诋毁。这就是事物有一定的标准,而鉴别各有不同的见识,想要求得研核的恰到好处,或许一千年才能遇上一次吧!何况作为历史文献的史传,精深博大,学者如果不能窥探它的幽渺隐微,从中搜求到深远的事理,怎么能够辨别其中的得失,分清其中的善恶。

观看《左传》这部书,是三传中最好的,但汉魏两代,竟然不把它列入学官,儒者都指斥《左传》一家,而极力推崇《公羊》、《穀梁》二传。左丘明身为鲁国史官,接受了孔子的《春秋》,论时世他们共同处在一个时代,论才能他们都以巧言伪善为可耻。那二家,以孔子弟子为师,是最先显贵的孔子门人,他们之间的才能见识本来不一样,又隔了年代,怎么能用他们那些记载的传说,比这亲自受经的《左传》呢?加以二《传》的道理又有偏颇,言辞多半粗野,和《左传》相比,是不能相提并论的。由此可知,《膏肓》、《墨守》,是迂腐儒生凭空虚构的著述;钟繇以《公羊》为卖饼家,以《左氏》为太官厨,两者有高下之分,真是有识之士的高明见解。

到《史记》、《汉书》相继著述,都继承了前人的事业。王充著《论衡》,已经称班固第一而司马迁第二;张辅的《名士优劣论》自持己见,又以班固为劣而以司马迁为优。然而这两种书,虽然互有长短,不断听到评论它们的得失,但是它们的作风大抵相同,可以看成是有联系的同类著作。张晏说:司马迁死后,亡佚《龟策》、《日者传》,褚少孙补上他所缺的篇数,言词鄙俗,不是司马迁的本意。考查司马迁所撰的《五帝本纪》、七十列传,说虞舜遭到困厄,就藏身在井壁空穴,穿孔而出;孔子死后,门人思念孔子就推举有若为师。他的言词鄙俗,又超过了这些补作,怎么能只怪罪褚先生,而完全尊崇司马迁呢?刘轨思研讨汉史,十分重视班固的才能,只讥笑他的本纪中不列入少帝,却编写了高后。考少帝刘弘并不是刘氏之子,而是宫人所生私下养在汉宫的。当时国无君主,吕后行使皇帝的权力,所以借她在位的八年岁月,把少帝时史事以年代次序依附在吕后的纪中,而吕后的言行事迹,自应完全编在《外戚传》里。譬如周成王年幼时,《史记》载召公、周公摄政的年代;周厉王流亡在彘,历法纪共和的时期。而周公、召公又各有世家一样。班固遵照旧制和以往的惯例,完全符合事实,难道说即使从匠心深处发出来的著作,反而会受到见识浅薄的人讥笑。

刘祥写作《宋书》序录,一一叙说各家晋史,他的看法概略地说:"何法盛的《晋中兴书》,芜杂而缺少气象,王隐、徐广的《晋书》、《晋纪》,其书沉没少见光彩。"史书的叙事，应当明晰而不浮华，质朴而不俚俗，它的言词正直，它的事情真实，能像这样就可以了。一定要使它与孔文举独具特异的气质相同，一定要像刘桢那样有高爽的文气，如像扬雄的文章内含美质，如像司马相如的文采飞动，这都是汇集华丽的词藻，雕琢繁密的文采，要称为实录，难道是可能的吗？用这些来诋毁重在实录的史书，可以看出它是无的放矢乱加指摘了。

　　人们的废弃兴起，与时机有关；困窘显贵，由命运主宰。而史书能否为人所用，也像这样。古文《尚书》，为《六经》第一，《春秋左传》，是《三传》的首领。但是自秦到晋，经过了五百年，这些书都遭埋没，不流行于世间。不久梅赜上献孔安国古文《尚书》，杜预作《春秋左氏经传集解》，然后被推重一时，千百年来享有很大的名声。至如《老子道德经》著作于周代，庄周《庄子》成书于楚国，遇到汉文帝、汉景帝而开始流传，碰上嵇康、阮籍才被重视。像这样一类书的遭遇，难道能完全记录下来么？所以说："废弃兴起，与时机有关；困窘显贵，由命运主宰。"倘若当时没有识宝的人，世上缺乏知己，如《论衡》不遇到蔡伯喈，《太玄》不遇到张平子，这些书肯定会烟消火灭，沉没无闻，怎么能不埋没而永久不废，为后世的人们所称颂呢？

核　才

前篇《鉴识》专论史识,这篇着重论述史才。刘知几认为史才难得,经过选核,如果不是史才,就不能充任史职,表明他对编修史书是非常重视的。

总结过去编史的经验,他认为文士不适合修史。因为他们既不通晓史书的体例,又无研核参会的才识,像班固、沈约那样才兼文史的人,毕竟是很少的。然而有独具怀抱的史才出现,则又常常受到困辱和讥笑,不能独立发挥才智。他把班固撰成的一代奇作《汉书》,和后来在东观著书时文不可观相比,说明史才有时还会受到时代条件的拘限,不能自尽其才。这中间寄寓着作者三为史官,遭受排挤,理想不能实现的亲身感受和慨叹。

夫史才之难,其难甚矣。《晋令》云①:"国史之任,委之著作,每著作郎初至,必撰名臣传一人②。"斯盖察其所由,苟非其才,则不可叨居史任③。历观古之作者,若蔡邕、刘峻、徐陵、刘炫之徒④,各自谓长于著书,达于史体,然观侏儒一节⑤,而他事可知。案伯喈于朔方上书⑥,谓宜广班氏《天文志》。夫《天文》之于《汉史》,实附赘之尤

---

①《晋令》:书名,作者不详。 ②著作郎:官名,三国魏时开始设此职,专掌编纂国史。 ③叨(tāo滔):贪,滥。 ④蔡邕(132—192):字伯喈,陈留围(今河南杞县南)人。东汉文学家、书法家。曾校书东观。因讥刺宠臣,被下狱,后流放朔方。上书奏所著十意,十意即十志,其中有《天文志》。事见《后汉书·蔡邕传》李贤等注。刘峻(462—521):字孝标,平原(今属山东)人。南朝梁学者、文学家。著有《自叙》及《山栖志》。事见《梁书·文学·刘峻传》。徐陵(507—583):字孝穆,东海郯(tán谈)(今山东郯城)人。南朝陈文学家。他的诗歌和骈体文轻靡绮绝,是当时宫体诗的重要作者之一。编有《玉台新咏》。事见《陈书·徐陵传》。刘炫:字光伯,河南景城(今河北献县东北)人。隋代经学家。曾奉敕命修史。事见《隋书·儒林·刘炫传》。 ⑤侏儒一节:谚语有"侏儒见一节,而长短可知"。意为看它一部分即知道全部。 ⑥伯喈上书句:见蔡邕注。

甚者也。必欲申以掎摭①,但当锄而去之,安可仍其过失,而益其芜累?亦奚异观河倾之患,而不遏以堤防,方欲疏而导之,用速怀襄之害②。述史如此,将非练达者欤?孝标持论谈理,诚为绝伦。而《自叙》一篇,过为烦碎;《山栖》一志,直论文章。谅难以偶迹迁、固,比肩陈、范者也。孝穆在齐,有志梁史,及还江左,书竟不成。嗟呼!以徐公文体,而施诸史传,亦犹灞上儿戏,异乎真将军③,幸而量力不为,可谓自卜者审矣。光伯以洪儒硕学,而迍邅不遇④。观其锐情自叙,欲以垂示将来,而言皆浅俗,理无要害。岂所谓"诵《诗》三百,虽多,亦奚以为"者乎!

昔尼父有言:"文胜质则史。"盖史者当时之文也,然朴散淳销,时移世异,文之与史,较然异辙。故以张衡之文,而不闲于史;以陈寿之史,而不习于文。其有赋述《两都》⑤,诗

---

① 掎摭(jǐ zhí 己直):指摘。 ② 怀襄:即怀山襄陵。怀,包;襄,上,指洪水包围高山冲上丘陵。 ③ 灞上儿戏,异乎真将军:汉文帝称赞周亚夫治军严明,说他是真将军。而对灞上、棘门刘礼和徐厉的军纪弛很不满意,说如同儿戏。
④ 迍邅(zhūn zhān 谆沾):处境困难。 ⑤《两都》:指班固的《西都赋》《东都赋》。班固又著《汉书》,是文、史兼备的人才。

裁《八咏》①，而能编次汉册，勒成宋典。若斯人者，其流几何？

是以略观近代，有齿迹文章而兼修史传。其为式也，罗含、谢客宛为歌颂之文②，萧绎、江淹直成铭赞之序③，温子升尤工复语④，卢思道雅好丽词⑤，江总猖獗以沉迷⑥，庾信

---

① 《八咏》：指沈约的《八咏》诗，即《登台望秋月》、《会圃登春风》、《秋至愍衰草》、《寒末悲落桐》、《夕行闻夜鹤》、《晨征听晓鸿》、《解佩去朝市》、《被祸守山东》。沈约又撰《宋书》，也是才兼文史。 ② 罗含：字君章，晋时耒阳（今湖南省东南部）人。桓温称他为"江左之秀"，著有《罗含集》三卷，已佚。事见《晋书·文苑·罗含传》。谢客：即谢灵运（385—433），南朝宋诗人。陈郡阳夏（今河南太康）人。因幼时寄养在外，又名客儿，世称谢客。以山水诗著称。曾撰《晋书》未成。事见《宋书·谢灵运传》。 ③ 萧绎：即梁元帝，字世诚。著有《孝德传》、《忠臣传》。事见《梁书·元帝纪》。江淹（444—505）：南朝梁文学家。字文通，济阳考城（今河南兰考东）人。以文章著名。著述百余篇，并《史》十志。事见《梁书·江淹传》。 ④ 复语：整齐对偶的语句。温子升：参见《叙事》篇"子升句"注。 ⑤ 卢思道（535—586）：字子行，范阳（今河北涿州）人。隋诗人。他的诗纤细浮艳，多是游宴酬赠的作品，有集三十卷。丽词：对偶言词。与复语同义。 ⑥ 江总（519—594）：字总持，济阳考城（今河南兰考东）人。南朝陈文学家。隋时官至尚书令。常侍陈后主游宴，作诗艳靡，荒嬉无度。

轻薄而流宕①。此其大较也。然向之数子所撰者,盖不过偏记杂说,小卷短书而已,犹且乖滥踳驳②,一至于斯。而况责之以刊勒一家,弥纶一代,使其始末圆备,表里无咎,盖亦难矣。

但自世重文藻,词宗丽淫,于是沮诵失路③,灵均当轴④,每西省虚职⑤,东观伫才,凡所拜受,必推文士。遂使握管怀铅,多无铨综之识;连章累牍,罕逢微婉之言。而举俗共以为能,当时莫之敢侮。假令其间有术同彪、峤,才若班、荀,怀独见之明,负不刊之业,而皆取窘于流俗,见嗤于朋党。遂乃哺糟歠醨⑥,俯同妄作,披褐怀玉,

核才

---

① 庾信(513—581):字子山,南阳新野(今属河南)人。早年出入梁朝宫廷,善作宫体诗,绮艳轻靡,与徐陵皆为宫廷文学代表,时称"徐庾体"。后出使西魏,被强留在北方。历仕西魏、北周,官至骠骑大将军、开府仪同三司,世称庾开府。晚年的作品表现出浓厚的乡国之思和悲愤感情。对当时社会动乱有所反映,风格也转变为苍劲沉郁。后人说,子山之文,其体以淫放为本,其词以轻险为宗。 ② 踳驳(chǔn bó 蠢拨):杂乱。 ③ 沮诵失路:意为史家不能担任史职。沮诵,黄帝的史臣。 ④ 灵均当轴:意为赋家担当史职。灵均:屈原的字。 ⑤ 西省:唐代高宗龙朔时改中书省为西台,史馆隶属中书省,因此以西省称史馆。 ⑥ 哺糟歠醨:意思是吃酒糟,饮薄酒。这里是指坐食俸禄,同流合污,或随波逐流。哺,食,吃。歠(chuò 辍),通"啜"饮,喝。糟,未清带滓的酒。醨(lí 离),薄酒。

无由自陈。此管仲所谓"用君子而以小人参之,害霸之道"者也。

昔傅玄有云:"观孟坚《汉书》,实命代奇作。及与陈宗、尹敏、杜抚、马严撰中兴纪传①,其文曾不足观。岂拘于时乎?不然,何不类之甚者也?是后刘珍、朱穆、卢植、杨彪之徒②,又继而成之。岂亦各拘于时,而不得自尽乎?何其益陋也?"嗟呼!拘时之患,其来尚矣。斯则自古所叹。岂独当今者哉!

【翻译】

挑选编史的人才是非常困难的。《晋令》说:"国家史书的编纂任务,任命著作郎承担。每个著作郎刚刚上任,一定要撰写名臣传一人。"这恐怕是考察他由此而表

---

① 陈宗:东汉人。和班固等共同编成《世祖本纪》。杜抚:字叔和,东汉人。少有高才,为公车令。马严:字威卿,东汉人。与校书郎杜抚、班固等杂定《建武注记》。 ② 刘珍(?—约126):字秋孙,东汉时人。永初中,邓太后诏命刘珍和刘騊駼、马融等校定东观百家。又和刘騊駼撰作建武以来名臣传。朱穆(100—163):字公叔,东汉时人。著论奏二十篇。卢植(?—192):字子干,东汉涿郡(今属河北)人。拜议郎。和马日䃅(mì dī 觅低)、蔡邕、杨彪、韩说等在东观校中书《五经》记传,补续《汉纪》。杨彪:字文先,和马日䃅、卢植、蔡邕等一起在东观著书。

现出来的史才，如果不是这样的人才，就不能让他挂名而担任史官职务。遍观古代的作者，如像蔡邕、刘峻、徐陵、刘炫这批人，他们都认为自己擅长著书，通晓史书的体例，然而看他们所著的一小部分，其他的情况就可以知道了。考查蔡伯喈在朔方的上书，他说应该扩充班固的《天文志》。可是《天文志》在《汉书》里，实在是突出的多余部分。一定要加以指摘的话，只应当看作是稠密的禾苗，只好把它除掉，怎么能随着他的过失，反而增加繁杂累赘？这好比看到河水倾泻酿成的灾祸，不筑堤防去堵住它，却想要疏通它，这只能加速洪水怀山襄陵的祸患。像这样叙述历史，或许不是精练通达的吧？刘孝标立论谈理，确实是超越常人。然而《自叙》一篇，过于烦碎；《山栖》一志，仅仅论说文章。实在难以和《史记》、《汉书》的功业对比，与《三国志》、《后汉书》同等并列。徐陵在南齐，立志要编纂梁史，等他回到江南，梁史还是没有编成。唉！以徐公的骈文体式，却用来编写史传，也像灞上儿戏，不同于真将军。幸好他能量力而行，没有编写，可说是有自知之明了。刘炫作为学识渊博的大儒，却处境困顿，怀才不遇。看他感情洋溢的自叙，要想以此留传后世，但言辞都很浅俗，事理不关紧要。这难道不是所谓的"熟读《诗经》三百篇，虽然读得多，又有什么用处"的情况么？

以往孔子曾说过:"文采胜过质朴就是史。"史官编修的史就是当时的文,但是淳朴的风习消失了,时代变化不同了,文章和史书,明显地走向不同的道路。所以就是张衡的文笔,也不熟悉作史;就是陈寿的史笔,也不熟练作文。说到班固著《两都赋》,沈约制《八咏诗》,而又能分别编撰《汉书》,写成《宋》典。像这样才兼文史的人,又有多少呢?

由此大略地看看近代,有的人位置属文章事业而又同时编修史传。他们呈现的体式是:罗含、谢灵运宛如作歌颂的文章,萧绎、江淹把史传直接撰成像铭赞的序文,温子升特别擅长整齐对偶的语句,卢思道向来爱好骈俪的文词,江总纵情沉迷于浮艳的辞采,庾信轻浮而放荡于夸饰的丽词。这是他们的大体情况。然而过去这几个人所撰写的著作,不过是些笔记杂说,篇幅短小的书罢了,尚且谬误杂乱到这个地步。何况要求他们修撰一国史书,总括一代史事,要使它首尾完备,内外无误,恐怕也是困难的吧。

但由于世人重视文采,词句过分讲求对偶,于是史家的笔法,不能流行,诗人的文辞,成为中心。往往史馆缺少人才,而著书之处却文才聚集,凡有授任的官职,必定推荐文士。于是使执掌史笔的人,大多没有考核综合的鉴识;著述很多,很少见到精深简约的言论。但举世都把他们认作能人,当时没有谁敢于轻慢。如果使其中有人学问如同班彪、华峤,才能如同班固、荀悦,怀有独到的高明见解,具有修史事业的抱负,都将受到流俗的困辱,被朋党所讥笑。于是只好随波逐流,苟且著作,尽管身处贫贱而有真才实学,却始终没有机会表现自己。这就是管仲所说的"任用君子来管理国政,而又用小人加入其中,这是妨害霸业的道路"。

　　过去傅玄说过:"观看班固的《汉书》,的确是驰名一代的奇书。到了他作兰台令史时和陈宗、尹敏、杜抚、马严撰写中兴纪传,他的文辞又竟然那样的不值得观看。难道不是被时代所局限吗?如果不是这样,为什么前后很不一致呢?在这以后刘珍、朱穆、卢植、杨彪这批人又继续编成此书。他们每个人不也是受到时代的限制,又不能竭尽自己才力吗?为什么那些增加的部分更加鄙陋呢?"唉!为时代所局限,妨害才能的发挥,这是由来已久了。这是自古以来人们所慨叹的,难道只是现在才这样的么!

烦　　省

刘知几在《载文》中提出要"拨浮华,采真实"。《叙事》篇里要求"叙事之工,简要为主"。这主要是就史书叙事的语言方面来说的。《书事》篇从选事的标准批评古代史书好烦琐,此篇又专就烦琐简约的标准加以补充,主要是从记事方面来说的。这几篇互有联系,而立论的角度不同。

在此篇中,他提出衡量史的烦简,要以"妄载"和"阙书"作为标准。只要不"妄载",即记事恰当,当记则记,秉笔直书,善恶不隐,力去浮华,虽记载较多,也不能看作烦琐;虽然记载简略,只要没有"阙书",对当记的事没有遗漏,就不能认作草率粗疏。一定要从社会的客观实际出发,千篇一律地加以限制是不合理的。刘知几的烦省标准,实际上与他反复强调的实录直书,"文约而事丰"的精神是一致的。

昔荀卿有云①:远略近详。则知史之详略不均,其为辨者久矣。及干令升《史议》②,历诋诸家,而独归美《左传》,云:"丘明能以三十卷之约,括囊二百四十年之事,靡有孑遗。斯盖立言之高标,著作之良模也。"又张世伟著《班马优劣论》③,云:"迁叙三千年事,五十万言,固叙二百四十年事,八十万言。是班不如马也。"然则自古论史之烦省者,咸以左氏为得,史公为次,孟坚为甚④。自魏、晋已还,年祚转促,而为其国史亦不减班书。此则后来逾烦,其失弥甚者矣。

余以为近史芜累,诚则有诸,亦犹古今不同,势使之然也。……

夫论史之烦省者,但当要其事有妄载,苦于榛芜,言

---

① 荀卿(约前313—前238):即荀子,名况。战国时思想家、教育家。时人尊而号为"卿"。著有《荀子》。 ② 干令升:见《六家》"左传家"注。 ③ 张世伟:即张辅。见《鉴识》篇"张辅持论"注。 ④ 迁、马、史公:均指司马迁。固、班、孟坚:均指班固。

有阙书,伤于简略,斯则可矣。必量世事之厚薄,限篇第以多少,理则不然。且必谓丘明为省也,若介葛辨牺于牛鸣①,叔孙志梦于天压②,楚人教晋以拔旆③,城者讴华以弃甲④。此而毕书,岂得谓之省邪?且必谓《汉书》为烦也,若武帝乞浆于柏父⑤,陈平献计于天山⑥,长沙戏舞

---

① 介葛辨牺句:介葛卢听到牛的叫声,就知道它生下三条牛犊已用作祭宗庙的牺牲。事见《左传·僖公二十九年》。② 叔孙志梦句:穆子(即鲁的叔孙豹)离开叔孙氏,到庚宗(鲁地),与一妇人私通。到齐,梦中见天压住自己,不能胜,看到一个人,黑而前身弯曲,就大喊他:"牛!助我。"于是获救。穆子当卿后,庚宗妇人献雉,并说:"我的儿子长大了。"穆子召见,正是所梦见的人。于是宠幸他,后任执政。事见《左传·昭公四年》。③ 楚人教晋人句:晋、楚邲之战,晋师败。晋人兵车坠坑,陷不能进。楚人教他抽去车前横木,又教晋人拔掉车上的旗子,抛出车外,使车得出。事见《左传·宣公十二年》。④ 城者讴华句:春秋时,楚、郑两国攻打宋国,宋将华元被他的驾车人羊斟所出卖,华元还不知道。筑城的士卒就唱起讽刺华元弃甲而回的歌谣。事见《左传·宣公二年》。⑤ 武帝乞浆句:汉武帝出访,曾经夜里到柏谷,住宿在客舍,向主人要水喝,主人疑心他是奸盗。事见《汉武故事》。⑥ 陈平献计于天山:天山,泛指匈奴地。《汉书·高帝纪》载:汉高祖至平城(今山西大同东),被匈奴围困七日,用陈平秘计得出。注引应劭曰:"陈平使画工图美女,遣人献匈奴阏氏,阏氏害怕夺去自己的宠幸,因劝单于放开包围的一角,汉高祖因此得出。"颜师古注《汉书》,则以为是意测之事,所以《汉书》不载。

以请地①,杨仆怙宠而移关②。此而不录,岂得谓之烦邪?由斯而言,则史之烦省不中,从可知矣。

又古今有殊,浇淳不等。……若使同后来于往世,限一概以成书,将恐学者必诟其疏遗,尤其率略者矣。……(节选)

【翻译】

从前荀卿说过:时代远的简略,时代近的详细。由此可知史书的详略不同,这是很久以前就区分了的。到了干宝撰《史议》,逐一地非议各家史书,唯独特别赞美《左传》,并说:"左丘明能用三十卷简约的文字,包罗二百四十年的事情,没有遗漏。这是立言的高标准,著作中的好榜样。"又张辅著《班马优劣论》说:"司马迁叙述三千年的事情,用了五十万字,班固叙述二百四十年的

---

① 长沙戏舞句:长沙定王刘发因母微贱,故封在地土低洼潮湿的贫国。汉景帝后二年诸王来朝,有诏要求诸王上前称寿歌舞。定王但张袖小举手,左右笑他笨拙。景帝问他,他回答说,臣国小地狭,不足回旋。景帝于是把武陵、桂阳赐给他。事见《汉书·景十三王传》注引应劭说。 ② 杨仆怙宠句:汉武帝元鼎三年,迁移函谷关于新安,以故关为弘农县。当时楼船将军杨仆是有功之臣,不愿为关外民,上书要求迁移东关,以自己家财供给其用度。武帝也喜好广阔,于是移关三百里。事见《汉书·武帝纪》注引应劭说。

事情,用了八十万字。这是班固不如司马迁。"那么自古论史烦省的,都以左氏为上,史公第二,孟坚最差。自从魏、晋已来,立国的年数变得更加短促了,但是编修国史的卷数不少于班固的《汉书》。这就使得后来的史书愈写愈烦,它们的缺点比前代史书也就更多了。

　　我认为近代史书的繁杂累赘,确实是有的,这是由于古今形势不同,使它这样的。……

　　……

　　评论史书的繁简,只应当注意它记事不恰当,形成杂乱,或者记事有遗漏,过于简略的情况,这样就可以了。如果一定要用当世事情的大小来衡量,用篇幅的多少来加以限制,在道理上就不对了。况且一定要说《左传》简略,如介葛从牛叫声辨别出它的三条牛犊已经作了祭品,叔孙豹记下了天压着他的噩梦,楚人教晋军拔掉车上的旌旗尽快逃跑,筑城的士卒唱着讽刺华元弃甲而回的歌谣。这些都完全记下来了,难道还能说它简约吗?一定要说《汉书》烦杂,如汉武帝夜到柏谷向主人要水喝,陈平设计向匈奴阏氏进献美女,长沙定王刘发借戏舞来请求扩大封地,杨仆依仗宠幸来移迁函谷关。这些事情《汉书》都没有记载,难道能说它烦冗吗?由此说来,史书的烦简不当划一,也就可以知道了。

　　再说古今的情况有所不同,社会风习的厚薄有所差别。……如果使后来同以前一样,限于一个"简"字的标准来写成史书,恐怕学者一定会骂它疏忽遗漏,责怪它草率粗略了。……

杂　述

　　本篇列举了十类杂史，分别叙述它的源流，评论它的利弊得失。对诸子中以"叙事为宗"的书，也认为可属杂史。这表明他重视史书的分类。

　　刘知几对十种杂史的评价，首先指出它们"言辞都是琐碎，事情繁杂残缺"。不能和正史相提并论。这种见解不一定妥当。但他肯定有的杂史是最真实的记载，研究其中的不同说法，能给人启发，"为益实多"，这是很有见地的。更值得重视的是，他强调史家要听取田夫野老的言谈，要多听多识，多方面取材，如若不窥探别录，不研究异书，局限于圣人的经典，仅仅死守司马迁、班固的纪传不放,是编撰不出好的史书的。关键是在善于博采慎取。这是对待史料的科学态度。

在昔三坟、五典、春秋、梼杌,即上代帝王之书,中古诸侯之记。行诸历代,以为格言。其余外传,则神农尝药,厥有《本草》①;夏禹敷土,实著《山经》②;《世本》辨姓,著自周室③;《家语》载言,传诸孔氏④。是知偏记小说,自成一家。而能与正史参行,其所由来尚矣。

爰及近古,斯道渐烦。史氏流别,殊途并骛。权而为论,其流有十焉:一曰偏记,二曰小录,三曰逸事,四曰琐言,五曰郡书,六曰家史,七曰别传,八曰杂记,九曰地理书,十曰都邑簿。……

大抵偏纪小录之书,皆记即日当时之事,求诸国史,最为实录。然皆言多鄙朴,事罕圆备,终不能成其不刊,永播来叶,徒为后生作者削稿之资焉。逸事者,皆前史

---

①《本草》:本名《神农本草经》,因书中所记各药以草类为多,故称《本草》。 ②《山经》:即《山海经》,书中保存不少远古的神话传说和史地文献资料。 ③《世本》:《世本》十五篇。记黄帝以来(后人增补至汉)列国诸侯的姓氏、世系、居(都邑)、作(制作)等。 ④《家语》:《孔子家语》的简称。晋王肃杂采秦汉诸书所载的孔子遗文逸事综合编成。

所遗，后人所记，求诸异说，为益实多。及妄者为之，则苟载传闻，而无铨择。由是真伪不别，是非相乱。如郭子横之《洞冥》①，王子年之《拾遗》②，全构虚辞，用惊愚俗。此其为弊之甚者也。琐言者，多载当时辨对，流俗嘲谑，俾夫枢机者藉为舌端，谈话者将为口实。及蔽者为之，则有诋讦相戏，施之祖宗，亵狎鄙言，出自床笫③，莫不升之纪录，用为雅言，固以无益风规，有伤名教者矣。郡书者，矜其乡贤，美其邦族，施于本国，颇得流行，置于他方，罕闻爱异。其有如常璩之详审④，刘昞之该博⑤，而能传诸不朽，见美来裔者，盖无几焉。家史者，事惟三族⑥，言止一门，正可行于室家，难以播于邦国。且箕裘不堕，则其录犹存；苟薪构已亡，则斯文亦丧者矣。

---

① 郭子横《洞冥》：郭宪，字子横，光武征拜博士。撰《洞冥记》四卷。他在序中说："洞心于道教，使冥迹之奥，昭然显著。故曰洞冥。" ② 王子年《拾遗》：王嘉字子年，晋陇西安阳（今甘肃渭源）人。著《拾遗记》十卷。书中多记载诡怪的事情。 ③ 亵（xiè泻）狎：淫秽嬉戏。笫（zǐ子）：床上竹编的垫子，亦代指床。 ④ 常璩（qú瞿）详审：常璩，字道将，蜀郡江原（今四川崇州）人，东晋史学家，著有《华阳国志》。吕大防作序，说他"于一方人物，如恐有遗……苟有可记，皆著于书"。 ⑤ 刘昞该博：刘昞字延明，北朝魏敦煌人。以儒学著称，注记篇籍，日以继夜，撰有《凉书》十卷，《敦煌实录》十卷。 ⑥ 三族：一般指父族、母族、妻族。

别传者，不出胸臆，非由机杼，徒以博采前史，聚而成书。其有足以新言加之别说者，盖不过十一而已。如寡闻末学之流，则深所嘉尚；至于探幽索隐之士，则无所取材。杂记者，若论神仙之道，则服食炼气，可以益寿延年；语魑魅之途，则福善祸淫，可以惩恶劝善，斯则可矣。及谬者为之，则苟谈怪异，务述妖邪，求诸弘益，其义无取。地理书者，若朱赣所采，浃于九州①；阚骃所书，殚于四国②。斯则言皆雅正，事无偏党者矣。其有异于此者，则人自以为乐土，家自以为名都，竞美所居，谈过其实。又城池旧迹，山水得名，皆传诸委巷，因为故实，鄙哉！都邑簿者，如宫阙、陵庙、街廛、郭邑，辨其规模，明其制度，斯则可矣。及愚者为之，则烦而且滥，博而无限，论榱栋则尺寸皆书，记草木则根株必数，务求详审，持此为能。遂使学者观之，瞀乱而难纪也。于是考兹十品，征彼百家，则史之杂名，其流尽于此矣。至于其间得失纷糅，善恶相兼，既难为觊缕。故粗陈梗概。且同自郐③，无足

---

①朱赣句：汉成帝时刘向大略谈了汉代国土改变，人民迁徙情况，朱赣受命整理其中的风俗部分，并把它编著成篇。其书已不可考。　②阚（kàn 刊去声）骃句：阚骃，字玄阴，北朝魏敦煌人。撰有《十三州记》十卷。　③且同自郐：《诗经》国风中自郐风以下的曹风、豳风，以往学者认为没有什么看头。意为这些杂书和郐风以下一样，不能和正史相比。

讥焉。

又案子之将史，本为二说。然如《吕氏》、《淮南》、《玄晏》、《抱朴》①，凡此诸子，多以叙事为宗，举而论之，抑亦史之杂也，但以名目有异，不复编于此科。

盖语曰："众星之明，不如一月之光。"历观自古，作者著述多矣。虽复门千户万，波委云集，而言皆琐碎，事必丛残。固难以接光尘于五传②，并辉烈于三史③。古人以比玉屑满箧④，良有旨哉！然则荛茏之言，明王必择；葑菲之体，诗人不弃⑤。故学者有博闻旧事，多识其物，若不窥别录，不讨异书，专治周、孔之章句，直守迁、固之纪传，亦何能自致于此乎？且夫子有云："多闻，择其善者而从之，""知之次也。"苟如是，则书有非圣，言多不经，学者博闻，盖在择之而已。（节选）

---

①《吕氏》句：指秦吕不韦撰的《吕氏春秋》、汉淮南王刘安著的《淮南子》、晋皇甫谧撰的《玄晏春秋》、晋葛洪著的《抱朴子》。 ②《五传》：即《左传》、《公羊传》、《穀梁传》、《邹氏传》、《夹氏传》，合称五传。 ③ 三史：此指《史记》、《汉书》、《后汉书》。 ④ 玉屑满箧：比喻不成为宝。玉屑，玉的碎末。箧（qiè切），箱。 ⑤ 葑菲之体句：《诗经·邶风·谷风》："采葑采菲，无以下体。"意思是说采摘蔓菁和葍的人，不可因它的根、茎有苦味而连它的叶也不要。蔓菁，即芜菁，根和叶可作蔬菜。葍（fú福）：多年生的蔓草，地下茎可蒸食。

【翻译】

　　从前的三坟、五典、春秋、梼杌，都是记载上古帝王、中古诸侯的史书。流行于各个时代，都把它当作效法的标准。其余在正史之外，还有专记轶闻逸事的传记，如神农尝药，就有了《本草》；夏禹区分九州的疆界，就著了《山海经》；《世本》辨别帝王诸侯的姓氏、世系，是产生在周代的著作；《孔子家语》记载言论，来自有关孔子的传说。由此可知记载近世的短篇、小说著作，各自成为一家，而能和正史参互流行，那是由来已久的了。

　　到了近古，这些编史的方法渐渐烦多。史家的流派，都向着不同的道路发展。大概说来，它的流派有十种：一是偏记，二是小录，三是逸事，四是琐言，五是郡书，六是家史，七是别传，八是杂记，九是地理书，十是都邑簿。……

　　大致说来偏记小录的书，都记录当日当时的事情，按国史要求的标准，它是最真实的记录。但是言辞过于粗鄙质朴，事情大多不够完整，终究不能成为不可改易的著作，永久传播于后世，只是为后生学者修定著述提供资料。逸事这类书，都是前代史书有所遗漏，后人才把它记载下来的，探求它的不同说法，益处很多。等到那些不求实际的人来编纂它，于是就随便记载传闻，而不加以考核选择。因此真伪不分，是非混乱。如像郭宪的《洞冥记》、王嘉的《拾遗记》，完全是虚构言辞，用来震惊无知的庸人。这是它弊病中最严重的地方。琐言这类书，大都是记载当时一般人的辩论对答，调笑戏言，使那些讲求辞令的人把它作为游说、言谈的文辞材料。却有不懂道理的人编纂这类书，于是互相嘲弄攻讦，加之于祖宗；淫秽粗话，出自男女调戏，都把它写上记录，当作美言，确是无益风化，有伤礼教的了。郡书，是夸耀家乡贤士，赞美自己家族的书，用在本地区，流行可能很广，放在别的地方，很少能得到特别的喜爱。其中如常璩《华阳国志》那样的详细周密，刘昞《凉书》那样的完备广博，而能传之于不朽，被后人所称赞，恐怕没有几个吧。家史这类书，只记三族的事情，只记一家的言辞，仅仅可以流行于自己的家族，难以传播于国中。况且子孙能够继承祖业，那它的记载还能保存；如果祖先的家业衰亡，那么这家史也就消失了。别传这类书，并不是根据自己的见解，经过构思布局，只是用博采前代史事，聚集编纂成书。其中有够得上称为新内容，能提供别的说法的，大概不过十分之一罢了。学识浅薄见闻很少的人，对这类书是推崇赞赏的；而对那些深求事理的人，就没有可取之处。杂记这类书，如论说神仙之道，就说服食丹药炼养气功，可以益寿延年；述说山神鬼怪的由来，就说它能给善人以福，给恶人以祸，可以用它来惩恶劝善,这样说是可以的。等到那些荒诞的人来编纂这类书,就随意地谈论怪异,尽情地叙述妖邪,从长远的利益考虑,它的内容是不可取的。地理书,如像朱赣所采集的,遍于九州,阚骃所记载的,包括四方。这些书言辞正确合理,事实没有偏颇。其他有不同于这些的,就是人人自以乡土为乐土,家家自以乡邑为名都,争相赞美自己所居住的地方,说的与事实不合。还有都邑的古迹、山水的得名,都是来自民间的传闻,把它作为出处,真是鄙陋啊!都邑簿这类书,如宫殿、陵墓、祖庙、街道住宅、都邑外城,辨别它的规模,说明它的制度,这样就可以了。到了那些无知的人编纂这类书,就烦杂而不真实,广博而没有边际,所以论说椽子脊檩,也就一尺一寸都要记载;记叙草木,一根一株都要指数清楚,务必求其详尽周密,以此夸耀自己的才能。于是使得学者阅读时,眼花缭乱找不出头绪。由此考察这十种品类,验证百家,史书各种各样的名称,它的不同流别,全部都在这里了。至于其中得失混杂,好坏兼有,已很难一一详说,所以只好粗略地陈述梗概。自此以下的那些杂述,就值不得讥议了。

又考查子书与史书,本来是两种不同的内容,但是如像《吕氏春秋》、《淮南子》、《玄晏春秋》、《抱朴子》,所有这些诸子之书,多数都以叙事为主,举出这些来评论,或许也属于杂史,但因名目有所不同,就不再编入这一类了。

　　俗话说:"众多星宿的明亮,不如一个月亮的光辉。"遍观自古以来,作者的著述是很多的。虽然如同门户千万,波浪连接浮云委积,但言辞都很琐碎,事情也都很残杂,根本不能与五传、三史的光辉功业相提并论。古人用一箱玉屑终不能成为宝器来比喻它,是很有道理的啊!但是田夫野老的言谈,圣明的君主一定要加以选取,比如诗人提到的采摘蔓菁和菖,不能因为根部的果实有苦味而丢掉它的叶子。因此学者要多了解从前的事情,多识别各种事物,如果不窥探别录,不研究异书,只研究周、孔的经典,仅仅守住司马迁、班固的纪传不放,又怎么能够达到这样的境地呢?从前孔夫子说过:"多闻,选择其中合理部分加以接受,""学而知之仅次于生而知之。"如果能做到这样,尽管书中有不高明通达的地方,言词多与常理不合,学习的人也可以多看多听,关键在于善加选择而已。

自　叙

此篇作者自述从事史学研究的历程,说明刘知几成为一代杰出的史学家,决不是偶然的。他三为史官,屡遭忌恨,编史的主张和抱负始终无法实现,因而辞退史职,私撰《史通》以表明志向。

他特别强调,所著《史通》一书,是针对当时实际,要想"辨明指归,殚其体统"。就是要明辨编写史书的目的,阐述编史必须严格遵循的体例。虽然他所谓的目的不过是"激扬名教,以劝事君者";他所强调的体例,着重维护封建的名分等级秩序。但是,他的理论原则,仍为后代所吸取,而且他书中所表现出的忠于史学事业、正直无畏的昂扬精神，勇于探讨史学理论，细密严格的科学态度，也颇为后世所称道。

……

昔仲尼以睿圣明哲，天纵多能，睹史籍之繁文，惧览者之不一，删《诗》为三百篇，约史记以修《春秋》，赞《易》道以黜八索，述职方以除九丘①，讨论坟、典，断自唐、虞，以迄于周。其文不刊，为后王法。自兹厥后，史籍逾多，苟非命世大才，孰能刊正其失？嗟予小子，敢当此任！其于史传也，尝欲自班、马已降，迄于姚、李、令狐、颜、孔诸书②，莫不因其旧义，普加厘改。但以无夫子之名，而辄行夫子之事，将恐致惊末俗，取咎时人，徒有其劳，而莫之见赏。所以每握管叹息，迟回者久之。非欲之而不能，实能之而不敢也。

既朝廷有知意者，遂以载笔见推。由是三为史臣，

---

① 八索、九丘：相传为古代的名书。职方：《周礼·夏官》有职方氏，掌管地图与四方职贡。　②姚、李等句：指唐初姚察、姚思廉修撰的《梁书》、《陈书》，李百药的《北齐书》，令狐德棻的《周书》，颜师古、孔颖达的《隋书》。

再入东观①。每惟皇家受命，多历年所，史官所编，粗惟纪录。至于纪传及志，则皆未有其书。长安中，会奉诏预修唐史。及今上即位，又敕撰《则天大圣皇后实录》。凡所著述，尝欲行其旧议。而当时同作诸士及监修贵臣，每与其凿枘相违，龃龉难入②。故其所载削，皆与俗浮沉。虽自谓依违苟从，然犹大为史官所嫉。嗟呼！虽任当其职，而吾道不行；见用于时，而美志不遂。郁怏孤愤，无以寄怀。必寝而不言，嘿而无述，又恐没世之后，谁知予者。故退而私撰《史通》，以见其志。

……

若《史通》之为书也，盖伤当时载笔之士，其义不纯。思欲辨其指归，殚其体统。夫其书虽以史为主，而余波所及，上穷王道，下掞人伦③，总括万殊，包吞千有。自《法言》已降，迄于《文心》而往，固以纳诸胸中，曾不蒂芥者矣④。夫其为义也，有与夺焉，有褒贬焉，有鉴诫焉，有

---

① 三为史臣，再入东观：刘知几原注：则天朝为著作佐郎，转左史。今上（中宗）即位，又除（任）著作。长安中，以本官兼修国史。会迁中书舍人，暂罢其任。神龙元年（705），又以本官兼修国史，迄今不之改。今之史馆，即古之东观也。
② 凿枘（zuò ruì 做锐）句：凿枘即圆凿方枘的略语。后以不相容为凿枘。龃龉（jǔ yǔ 举语）：相违抗的意思。　③ 掞（shàn 善）尽。　④ 蒂芥：也作"芥蒂"，细小的梗塞物。

讽刺焉。其为贯穿者深矣，其为网罗者密矣，其所商略者远矣，其所发明者多矣。盖谈经者恶闻服、杜之嗤①，论史者憎言班、马之失。而此书多讥往哲，喜述前非。获罪于时，固其宜矣。犹冀知音君子，时有观焉。尼父有云："罪我者《春秋》，知我者《春秋》。"抑斯之谓也。

昔梁征士刘孝标作叙传，其自比于冯敬通者有三②。而予辄不自揆，亦窃比于扬子云者有四焉。何者？扬雄尝好雕虫小技③，老而悔其少作。余幼喜诗赋，而壮都不为，耻为文士得名，期以述者自命。其似一也。扬雄草《玄》④，累年不就，当时闻者，莫不哂其徒劳。余撰《史通》，亦屡移寒暑。悠悠尘俗，共以为愚。其似二也。扬

---

① 服、杜：即服虔、杜预。服虔：初名重，又名祇，字子慎，河南荥阳人。东汉经学家。著有《春秋左氏传解谊》。知几文中即指此书。事见《后汉书·服虔传》。杜预：参见《鉴识》篇"杜侯训释"注。　②刘孝标（462—521）自比句：刘峻字孝标，南朝梁平原（今属山东）人。曾在自序中说他和冯敬通相比，有三点相同。征士：不接受朝廷征聘的文士。冯敬通：冯衍，汉时人。有奇才，博通群书。　③雕虫：比喻小技、小道，多指词章之学。　④扬雄草《玄》：汉哀帝时，丁傅、董贤等擅权，依附他们的大多官至二千石。而扬雄正撰《太玄》以仿《易》，淡泊自如。有人嘲笑他以玄尚白，他著《解嘲》来回答。见《汉书·扬雄传》。下文说扬雄著《法言》，时人竞尤其妄，故作《解嘲》，和《汉书》不同。

雄撰《法言》①，时人竞尤其妄，故作《解嘲》以训之②。余著《史通》，见者亦互言其短，故作《释蒙》以拒之③。其似三也。扬雄少为范逡、刘歆所重④，及闻其撰《太玄经》，则嘲以恐盖酱瓿⑤。然刘、范之重雄者，盖贵其文彩若《长扬》、《羽猎》之流耳⑥。如《太玄》深奥，理难探赜。既绝窥逾，故加讥诮。余初好文笔，颇获誉于当时。晚谈史传，遂减价于知己。其似四也。夫才唯下劣，而迹类先贤。是用铭之于心，持以自慰。

抑犹有遗恨，惧不似扬雄者有一焉。何者？雄之玄经始成，虽为当时所贱，而桓谭以为数百年外，其书必传⑦。其后张衡、陆绩果以为绝伦参圣⑧。夫以《史通》方诸《太玄》，今之君山，即徐、朱等数君是也。后来张、

----

① 法言：摹拟《论语》体裁写成。　② 训(chóu 仇)：酬答。 ③《释蒙》：已佚。　④ 范逡：原作"竣"，依《汉书·扬雄传》改。 ⑤ 酱瓿(bù 部)：装酱的瓦器。瓿，瓦器。　⑥ 长扬之流：指扬雄所撰的《反离骚》、《河东》、《羽猎》、《长扬》等赋。　⑦ 雄书必传句：桓谭(约前30—约41)，字君山，汉时人。他曾对王邑、严尤说："扬雄的著作一定会传于后世，不过你们和我不能见到了。"　⑧ 张衡、陆绩参圣句：张衡喜好《太玄经》，向崔瑗说："我观看《太玄经》，才知道子云妙极道数，是和《五经》相似。"陆绩字公纪，三国吴人。他在所著《述玄》中说："雄受气纯和，韬真含道，建立玄经，和圣人同趣。桓谭说他绝伦，称为圣人，其事和孔子相似。"

陆则未知耳。嗟呼！倘使平子不出，公纪不生，将恐此书与粪土同捐，烟烬俱灭。后之识者，无得而观。此予所以抚卷涟洏，泪尽而继之以血也。（节选）

【翻译】

……

以前孔子有超凡的聪明智慧，上天又让他多才多艺，他看到史书的文辞太繁，担心阅读的人理解不一样，就删减《诗经》为三百篇，简约鲁史而修订《春秋》，颂赞《周易》而除去八索，阐述职方而除去九丘，整理三坟、五典，上以唐、虞为限，下至周代。那些文辞不可更改，成为后代帝王的法度。从此以后，史籍愈来愈多，如果不是著名于当世的大才，谁能校正它的过错？唉，像我这样的年轻后辈，怎么敢担当这样的重任？在史传方面，我曾想从班固、司马迁以下，止于姚思廉、李百药、令狐德棻、颜师古、孔颖达等所撰的各种史书，莫不在原有义例的基础上普遍加以改正。但是因为我没有孔子的名声，而去做孔子所做过的事情，害怕将会招来愚庸之人的惊恐，受到当时人们的指责，白白地这样劳苦，而不能受到人们的赏识。所以时常握笔叹息，久久徘徊。并不是想做而没有能力做，而是有能力做而不敢去做。

不久之后，朝廷里有了解我心愿的人，于是以史臣相推荐。从此我三次作史臣,两次进史馆。常想我朝立国,已经多年,史官所编纂的,只是粗略的纪录。至于纪传及志,都没有编纂成书。长安中,适逢奉诏参与修撰唐史。到中宗即位,又奉诏命修撰《则天大圣皇后实录》。所有一切著述,我曾经想依照旧时的公议行事,然而当时共同编史的史官和监管贵臣,我时常和他们意见不合,大相违抗。所以史书的记载删削,都随俗上下。虽然自以为马马虎虎苟且依从,然而还是大为史官们所忌恨。唉!我虽担任史官职务,但我的主张不能推行;被当时所任用,而美好的志向不能实现。孤单忧愤,无法寄托我的情怀。如果闭口不说话,沉默而无著述,又恐身死之后,名不显于后世。所以我辞退史官职务而私自撰写《史通》,以表明我的志愿。

······

作《史通》这部书,是担忧当时编史的人,他们趋向不正。我想要辨明编写史书的目的,充分阐述编写史书必须遵循的体例。《史通》虽然以史为主,但它所涉及的范围,上穷帝王治国的道理,下尽社会人事的关系,总结了许许多多的不同事理。自《法言》以下,直到《文心雕龙》以前,早已收藏在胸中,丝毫没有疑滞。《史通》的内容,有赞许和责罚,有褒扬和贬斥,有借鉴和警诫,也有婉转的讽谕和批评,其中所贯穿的内容是深远的,其中所搜求的东西是精细的，其中所商讨的问题是广泛的，其中所创新的见解是很多的。大概谈论经书的人讨厌听到服虔、杜预的讥笑，论说史书的人憎恨说班固、司马迁的过失。然而《史通》多讥议以往的贤士，喜欢述说前人的是非。获罪于当时，本来是应该的。但仍希望有了解我的贤德君子，有时看看这书。孔子说过："指责我的在于《春秋》这部著作，了解我的也在于《春秋》这部著作。"或许就是说的这种情况吧！

从前梁代征士刘孝标作叙传，他自比于冯敬通的有三点。而我却不自量力，也私自比于扬子云的有四点。为什么呢？扬雄曾经爱好辞赋，晚年却悔恨他少年的赋作。我幼时喜好诗赋，到壮年都不作了，羞愧以文士得名，而希望自己成为有名的历史著述者。这是相似的一点。扬雄起草《太玄》，多年不成，当时听说的人，无不讥笑他徒劳无功。我撰写《史通》，也经过许多年月，不少庸俗的人，都认为我愚蠢。这是相似的第二点。扬雄撰写《法言》，当时的人竞相责怪他胆大妄为，所以扬雄作《解嘲》来回答他们。我著述《史通》，看见的人也互相说它的短处，所以我作《释蒙》拒绝他们的指责。这是相似的第三点。扬雄年轻时为范逡、刘歆所敬重，等到听说他撰写《太玄经》，就嘲笑他的所作只有拿去盖酱缸的作用，不会流传。然而刘歆、范逡敬重扬雄的，大概是重视他的文采如《长扬赋》、《羽猎赋》之类罢了。像《太玄》这样深奥的作品,不容易理解它本来的深意。既然缺少远大的见识,所以就加以讥笑嘲讽。我最初喜欢写作诗文,在当时得到很多的赞赏。后来谈论史传,就受到知心朋友的轻视。这是相似的第四点。我的才能虽然低劣,然而事迹类似先贤。因此把它铭记在心,用来安慰自己。

但还有不能称心的事,担心有一点与扬雄不相类似。为什么?扬雄《太玄经》当初撰成,虽然为当时所轻视,然而桓谭却以为数百年之后,这书必定流传。这之后张衡、陆绩果然认为它超越常人,可与圣贤并列。我把《史通》和《太玄经》相比,今天的桓谭,就是徐坚、朱敬则等几个人了。后来的张衡、陆绩我就不知道有没有了。唉!如果今后没有像张衡、陆绩这样的人出现,恐怕我的《史通》将会同粪土一样被抛弃,灰烟俱灭。使后来有见识的人,不能看到它。这是我摸着书卷泪流不止,眼泪流干了又将继续流出血泪的原因。

古今正史

　　《六家》论唐以前古代史书的体例及各家的流派,《二体》又着重对编年、纪传体再加申述,指明得失。本篇有所不同的是,在《六家》、《二体》的基础上,将历代纪传、编年的史书,足以记载一朝大政属于正史的,按时代顺序逐一加以叙述,并分别追溯它的源流,相互比较,评论优劣。这是《唐书》以前历代编修史书的总结。正如作者在本文结尾所说的:"自古史臣撰录,其梗概如此。"从中可以看出刘知几窥探幽隐,搜求事理,辨其得失的史学思想。

……

孝武之世，太史公司马谈欲错综古今，勒成一史，其意未就而卒。子迁乃述父遗志，采《左传》《国语》，删《世本》《战国策》，据楚、汉列国时事，上自黄帝，下迄获麟止①，作十二本纪、十表、八书、三十世家、七十列传，凡百三十篇，都谓之《史记》。厥协《六经》异传，整齐百家杂言，藏诸名山，副在京师，以俟后圣君子。至宣帝时，迁外孙杨恽祖述其书②，遂宣布焉。而十篇未成，有录而已③。元、成之间，褚先生更补其缺④，作《武帝纪》《三王世家》《龟策》《日者》等传，辞多鄙陋，非迁本意也。……

《史记》所书，年止汉武，太初已后，阙而不录。其后刘向、向子歆及诸好事者，若冯商、卫衡、扬雄、史岑、梁审、肆仁、晋冯、段肃、金丹、冯衍、韦融、萧奋、刘恂等相

---

① 获麟：公元前122年，汉武帝获白麟，因而改年号为元狩。 ② 杨恽（yùn 运）：字子幼，杨敞子。被任为郎，补常侍骑。恽的母亲是司马迁的女儿。恽始读外祖《太史公记》，把它当作《春秋》，于是宣布出来。 ③ 十篇未成：此说与《汉书》注引张晏说不同。张说十篇是司马迁死后亡佚的，并不是没有完成。 ④ 褚（chǔ 楚）先生：即褚少孙，西汉史学家。颍川（今河南禹州）人。

次撰续①,迄于哀、平间,犹名《史记》。至建武中,司徒掾班彪以为其言鄙俗,不足以踵前史;又雄、歆褒美伪新②,误后惑众,不当垂之后代者也。于是采其旧事,旁贯异闻,作《后传》六十五篇。其子固以父所撰未尽一家,乃起元高皇,终乎王莽,十有二世,二百三十年,综其行事,上下通洽,为《汉书》纪、表、志、传百篇。其事未毕,会有上书云固私改作《史记》者,有诏京兆收系,悉录家书封上。固弟超诣阙自陈,明帝引见,言固续父所作,不敢改易旧书,帝意乃解。即出固,征诣校书,受诏卒业。经二十余载,至章帝建初中乃成。

固后坐窦氏事,卒于洛阳狱③,书颇散乱,莫能综理。

① 冯商:字子高,汉阳陵人。韦昭说"冯商受诏续《太史公》十余篇,在班彪《别录》"。史岑:字子孝,汉新莽朝末人,曾续《史记》。晋冯:曾任京兆祭酒,品行好,好古乐道。段肃:曾任弘农功曹,达学洽闻,才能绝伦。冯衍:字敬通,汉京兆杜陵(今陕西西安东南)人。博通群书,曾著赋、谏、铭说、德浩、慎情等五十篇。其余七人未详。 ② 褒美伪新:新,王莽建立的王朝名。扬雄撰《剧秦美新》,刘歆也赞美王莽"制礼作乐,茂成天功"。 ③ 固坐窦氏卒于狱:汉和帝永元初,大将军窦宪出征匈奴,班固为中护军,参与谋议。窦宪败,固先免官。洛阳令种竞拘捕班固,后死于狱中。

其妹曹大家博学能属文①，奉诏校叙。又选高才郎马融等十人②，从大家授读。其八表及《天文志》等，犹未克成，多是待诏东观马续所作③。而《古今人表》尤不类本书。……

初，汉献帝以固书文烦难省④，乃诏侍中荀悦依《左氏传》体删为《汉纪》三十篇⑤，命秘书给纸笔⑥。经五六年乃就。其言简要，亦与纪传并行。

……

……泰始中⑦，秘书丞司马彪始讨论众书⑧，缀其所闻，起元光武，终于孝献，录世十二，编年二百，通综上下，旁引庶事，为纪、志、传凡八十篇，号曰《续汉书》，又

---

① 曹大家(gū 姑)：曹世叔妻，班彪的女儿，名昭。博学高才。兄班固著《汉书》，《八表》及《天文志》未及完成就死去。和帝诏命班昭去东观藏书阁接着完成。 ② 马融：(79—166)：字季长。东汉经学家、文学家。《汉书》刚出，多数不能通晓。马融伏于阁下，跟从班昭学习。 ③ 马续：字季刚，汉时人。班固《汉书》，缺八表和《天文志》，有录无书，其中《天文志》为马续编纂，八表则出班昭手，由马续最后完成，此处笼统地说八表和《天文志》多是马续所作，不确。 ④ 固书：指班固《汉书》。省(xíng 醒)：查看。 ⑤ 荀悦：见《六家》"左传家"注。 ⑥ 秘书：官名，东汉桓帝设秘书监，主管图籍。 ⑦ 泰始：晋武帝司马炎年号。 ⑧ 司马彪：见《六家》注。

散骑常侍华峤删定《东观记》为《汉后书》①,帝纪十二、皇后纪二、典十、列传七十、谱三,总九十七篇。……

至宋宣城太守范晔②,乃广集学徒,穷览旧籍,删烦补略,作《后汉书》,凡十纪、十志、八十列传,合为百篇。会晔以罪被收,其十志亦未成而死。先是,晋东阳太守袁宏抄撮《汉氏后书》③,依荀悦体,著《后汉纪》三十篇。世言汉中兴史者,唯范、袁二家而已。

……

至晋受命,海内大同,著作陈寿乃集三国史④,撰为

---

① 华峤:见《二体》篇注。《东观纪》即上文(未选)所述的《汉纪》,后称《东观汉纪》,以修史所在的东观为名。汉明帝时开始编写,以后累次增修,参加撰述者先后有班固、刘珍、李尤、伏无忌、边韶、崔实、朱穆、曹寿、延笃、马日䃅、蔡邕、杨彪、卢植等。此书在晋时与《史记》、《汉书》并列为三史。
② 范晔(398—445):南朝宋史学家。字蔚宗,顺阳(今河南浙川东)人。任宣城太守、太子詹事等职。因参与谋立彭城王刘义康事,被杀。所以《后汉书》虽博采诸家,但实际上是以华峤《汉后书》为主要依据的。今本《后汉书》,其中志三十卷是晋司马彪的《续汉书》。 ③ 袁宏(328—376):东晋文学家、史学家。字彦伯,阳夏(今河南太康)人。曾任桓温记室。因不满当时的几种《后汉书》,继荀悦《汉纪》,著《后汉纪》。
④ 陈寿(233—297):字承祚,安汉(今四川南充北)人。西晋史学家,蜀汉时任观阁令史,入晋历任著作郎、治书侍御史。著《三国志》外,还有《益部耆旧传》。并著有《蜀相诸葛亮集》等书。国志,即《三国志》。

国志,凡六十五篇。夏侯湛时亦著《魏书》①,见寿所作,便坏己草而罢。及寿卒,梁州大中正范頵表言《国志》明乎得失②,辞多劝诫,有益风化,愿垂采录。于是诏下河南尹,就家写其书。

先是,魏时京兆鱼豢私撰《魏略》③,事止明帝。其后,孙盛撰《魏氏春秋》④,王隐撰《蜀记》⑤,张勃撰《吴录》⑥,异闻错出,其流最多。宋文帝以国志载事伤于简略,乃命中书郎裴松之兼采众书⑦,补注其缺。由是世言《三国志》者,以裴《注》为本焉。

……

皇家贞观中,有诏以前后晋史十有八家⑧,制作虽

---

① 夏侯湛:字孝若。晋时谯(qiáo 桥。今安徽亳州)人。善文章。著《魏书》外,并著论三十篇。 ② 頵(yūn 晕):本义为头大貌,常用作人名。 ③ 鱼豢(huàn 患):三国魏京兆人,撰《魏略》三十八卷,至魏明帝止。 ④ 孙盛:见《六家》篇注。 ⑤ 王隐:见《二体》篇注。 ⑥ 张勃:晋时人,著有《吴录》三十卷。 ⑦ 裴松之(372—451)字世期,闻喜(今属山西)人,南朝宋史学家。注《三国志》,他博采汉晋之间群书,多达百余种,保存了大量史料。 ⑧ 晋史十八家:据浦起龙《史通通释》,撰《晋书》的有王隐、虞预、朱凤、谢灵运、臧荣绪、萧子云;何法盛撰《晋中兴书》;撰《晋纪》的有陆机、干宝、曹嘉之、邓粲、刘谦之、王韶之、徐广、郭季产;撰《汉晋阳秋》、《晋阳秋》、续《晋阳秋》的有习凿齿、孙盛、檀道鸾,以上共十八家。

多,未能尽善,乃敕史官更加纂录,采正典与杂说数十余部,兼引伪史十六国书①,为纪十、志二十、列传七十、载记三十,并叙例、目录合为百三十二卷。自是言晋史者,皆弃其旧本,竞从新撰者焉。

……

至齐著作郎沈约②,更补缀所遗,制成新史③。始自义熙肇号④,终乎升明三年⑤,为纪十、志三十、列传六十,合百卷,名曰《宋书》。永明末,其书既行,河东裴子野更删为《宋略》二十卷⑥。沈约见而叹曰:"吾所不逮也。"由是世之言宋史者,以裴《略》为上,沈《书》次之。

---

① 十六国书:西晋末年,由少数民族建立的割据政权,计有成汉、前赵、后赵、前秦、后秦、西秦、前燕、后燕、南燕、北燕、前凉、后凉、南凉、北凉、西凉、夏。史称"十六国"。当时有关十六国的史书很多,如和苞的《前赵记》、田融的《后赵记》、常璩的《华阳国志》等。魏崔鸿又总括众家为《十六国春秋》一百零二卷。此即指这类书。 ② 沈约:见《二体》篇注。 ③ 制成新史:沈约以前,写宋史的有何承天、山谦之、裴松之、孙冲之、苏宝生等。徐爰承袭各家著述统括而成《宋书》。沈约《宋书》即以徐爰书为蓝本写成。 ④ 义熙:晋安帝司马德宗年号。 ⑤ 升明:宋顺帝刘准年号。 ⑥ 裴子野:见《六家》、《二体》注。

……梁天监中①,太尉录事萧子显启撰齐史②。书成,表奏之,诏付秘阁。起升明之年,尽永元之代③,为纪八、志十一、列传四十,合成五十九篇。

……

皇家贞观初,其子思廉为著作郎,奉诏撰成二史④。于是凭其旧稿,加以新录,弥历九载,方始毕功。定为《梁书》五十卷、《陈书》三十六卷,今并行世焉。

……

齐天保二年⑤,敕秘书监魏收博采旧闻⑥,勒成一史。又命刁柔、辛元植、房延祐、睦仲让、裴昂之、高孝干

---

① 天监:梁武帝萧衍年号。 ② 萧子显:字景阳,南朝梁人。著有《后汉书》及《齐书》。 ③ 永元:齐东昏侯萧宝卷年号。 ④ 姚思廉(557—637):姚察子,名简之。雍州万年人。唐太宗即位,任著作郎、弘文馆学士。奉命和魏征共撰《梁》、《陈》二书。思廉采集顾野王等诸家史稿,推究综括,编成《梁书》、《陈书》,完成他父亲的遗业。 ⑤ 天保:北齐文宣帝高洋年号。 ⑥ 魏收(506—572):字伯起,小字佛助。南北朝北齐巨鹿下曲阳(今河北晋州西)人。收性轻薄。所著《魏书》,当时人们因他褒贬不公,故称为"秽史"。事见《北齐书》、《北史》中魏收传,参见《曲笔》篇注。

等助其编次①。收所取史官，惧相凌忽②，故刁、辛诸子并乏史才，唯以仿佛学流，凭附得进。于是大征百家谱状，斟酌以成《魏书》。上自道武，下终孝靖，纪、传、与志凡百三十卷。收谄齐室，于魏室多不平。既党北朝，又厚诬江左。性憎胜己，喜念旧恶，甲门盛德与之有怨者，莫不被以丑言，没其善事。迁怒所至，毁及高曾。书成始奏，诏收于尚书省与诸家论讨。前后列诉者百有余人。时尚书令杨遵彦，一代贵臣，势倾朝野，收撰其家传甚美，是以深被党援。诸讼史者皆获重罚，或有毙于狱中。群怨谤声不息。孝昭世③，敕收更加研审，然后宣布于外。武成尝访诸群臣，犹云不实，又令治改，其所变异甚多。由是世薄其书，号为"秽史"。

……

逮于齐灭，隋秘书监王劭④、内史令李德林并少

---

① 刁柔：字子温，南北朝北齐渤海人。任中书舍人。魏收推荐柔等共同编纂国史。辛元植：南北朝魏人。房延祐：南北朝魏人。睦仲让：睦豫宗族人，北齐天宝时，任尚书左丞。裴昂之：未详。高孝干：南北朝魏时人，曾任司空东阁祭酒，《魏收传》里说他"以左道求进"。以上诸人如文所述都是缺乏史才，凭借依附得进的。　② 凌忽：凌，超越；忽，轻视。　③ 孝昭：即北齐孝昭帝高演。　④ 王劭《齐志》：见《六家》篇注。

仕邺中①，多识故事。王乃凭述起居注，广以异闻，造编年书，号曰《齐志》，十有六卷。李在齐预修国史，创纪传书二十七卷。至开皇初，奉诏续撰，增多齐史三十八篇，以上送官，藏之秘府。皇家贞观初，敕其子中书舍人李百药仍其旧录②，杂采它书，演为五十卷。今之言齐史者，唯王、李二家云。

宇文周史，大统年有秘书丞柳虬兼领著作③，直辞正色，事有可称。至隋开皇中，秘书监牛弘追撰《周记》十有八篇④，略叙纪纲，仍皆抵忤。皇家贞观初，敕秘书丞令狐德棻、秘书郎岑文本共加修缉⑤，定为《周书》五十卷。

---

① 李德林(531—591)，字公辅，博林安平人。由齐入隋，任怀州刺史卒，著有文集八十卷，奉诏撰齐史未成。邺：北齐曾都于此，故城在今河北临漳县北。 ② 李百药(565—648)：字重规，唐安平(今河北安平县)人。隋时曾任建安郡丞。入唐，任散骑常侍等职。贞观时奉诏修史，根据其父李德林所撰《齐史》，兼采他书，历时七年，撰成《北齐书》五十卷。
③ 大统，西魏文帝元宝炬年号。柳虬：任周秘书丞，监掌史事。任中书侍郎修起居注。 ④ 牛弘(545—610)：字里仁。隋开皇初，曾奉命修撰《五礼》，编成百卷。后撰《周史》未成。
⑤ 令狐德棻(583—666)：唐宜州华原(今陕西耀县)人。贞观三年，太宗令德棻和秘书郎岑文本修国史。岑文本：字景仁，唐南阳人。和令狐德棻撰《周史》，其中史论多出于文本，十年修成史书。

隋史,当开皇、仁寿时①,王劭为书八十卷,以类相从②,定其篇目。至于编年、纪传,并阙其体。炀帝世,唯有王胄等所修《大业起居注》③。及江都之祸④,仍多散逸。皇家贞观初,敕中书侍郎颜师古、给事中孔颖达共撰成《隋书》五十五卷⑤,与新撰《周书》并行于时。

……

惟大唐之受命也,义宁、武德间⑥,工部尚书温大雅首撰《创业起居注》三篇⑦。自是司空房玄龄、给事中徐

---

① 开皇、仁寿:均为隋文帝杨坚年号。 ② 王劭:见《六家》篇注。 ③ 王胄(zhòu 宙):字承基,隋琅琊人。大业初,为著作佐郎,以文词为炀帝所重。 ④ 江都之祸:江都,今江苏扬州。指隋恭帝义宁二年,时天下大乱,右屯卫将军宇文化及弑隋炀帝于江都。 ⑤ 颜籀(581—645):字师古,唐京兆万年(今陕西西安)人。任中书侍郎。考定《五经》,多所厘正。注《汉书》,解释详明,深为学者所重。太宗命他与孔颖达共撰《隋书》。孔颖达(574—648):字仲达,唐冀州(今属河北)人。贞观时累任国子司业,和魏征撰成《隋史》。又和颜师古等受诏撰定《五经正义》。 ⑥ 义宁:隋恭帝杨侑年号。武德:唐高祖李渊年号。 ⑦ 温大雅:字彦弘,唐太原人。由隋入唐任工部尚书。撰《创业起居注》三卷。

敬宗、著作佐郎敬播相次立编年体①，号为"实录"。迄乎三帝，世有其书。

贞观初，姚思廉始撰纪传，粗成三十卷。至显庆元年②，太尉长孙无忌与于志宁、令狐德棻、著作郎刘胤之、杨仁卿、起居郎顾胤等③，因其旧作，缀以后事，复为五十卷。虽云繁杂，时有可观。龙朔中，敬宗又以太子少师总统史任，更增前作，混成百卷。如《高宗本纪》及永徽名臣、四夷等传，多是其所造。又起草十志，未半而终。

---

① 房玄龄(579—648)：本名乔，唐齐州临淄(今山东淄博)人。贞观时先后任中书令、尚书左仆射，监修国史。撰有《高祖太宗实录》。许敬宗(592—672)：唐贞观中，敬宗为著作郎，兼修国史。他修撰国史，记事阿曲，虚美隐恶。高祖、太宗两朝实录，敬播修撰的多详直，敬宗以己爱憎任意删改，评论者都指责他。敬播：唐蒲州人。贞观初进士。当时颜师古、孔颖达编纂《隋史》，诏命敬播到秘书内省参预编纂，又和令狐德棻等撰《晋书》，其中凡例都是敬播所阐发。房玄龄称他是陈寿之流。 ② 显庆：唐高宗李治年号。 ③ 长孙无忌(？—659)：字辅机，唐河南洛阳人。文德皇后是他的妹妹，太宗对他礼遇尤重，官至司徒赵国公。刘胤之：唐徐州彭城人。永徽初，与国子祭酒令狐德棻、著作郎杨仁卿等撰成国史及实录奏上。知几是他的从孙。顾胤：唐苏州吴人。永徽中，兼修国史，撰《太宗实录》二十卷，武德、贞观两朝国史八十卷。于志宁：唐雍州人。文学馆学士，监修国史。先后参预修礼、修史。杨仁卿：无传。

敬宗所作纪传，或曲希时旨，或猥饰私憾，凡有毁誉，多非实录。必方诸魏伯起，亦犹张衡之蔡邕焉①。其后左史李仁实续撰《于志宁》、《许敬宗》、《李义府》等传②，载言记事，见推直笔。惜其短岁，功业未终。至长寿中③，春官侍郎牛凤及又断自武德，终于弘道④，撰为《唐书》百有十卷。凤及以喑聋不才，而辄议一代大典，凡所撰录，皆素责私家行状，而世人叙事罕能自远。或言皆比兴，全类咏歌，或语多鄙朴，实用文案，而总入编次，了无厘革。其有出自胸臆，申其机杼，发言则嗤鄙怪诞，叙事则参差倒错。故阅其篇第，岂谓可观；披其章句，不识所以。既而悉收姚、许诸本，欲使其书独行。由是皇家旧事，残缺殆尽。

长安中⑤，余与正谏大夫朱敬则、司封郎中徐坚、左拾遗吴兢奉诏更撰《唐书》⑥，勒成八十卷。神龙元年⑦，

---

① 方诸魏伯起句：言魏收和许敬宗两人所撰史书以不实相类似，也如张衡和蔡邕才貌相类似。② 李仁实：唐顿丘人，官至左史。自武德以后，有邓世隆、顾胤、李延寿、李仁实前后撰国史，为当时所称许。③ 长寿：唐武则天年号。④ 武德：唐高祖李渊年号。弘道：唐高宗李治年号。意为从高祖起到高宗止。牛凤及：唐时人，他修撰《唐书》，自武德起终于弘道，共一百一十卷。⑤ 长安：唐武则天年号。⑥ 朱、徐、吴：均见《自叙》篇注。⑦ 神龙：唐中宗李显年号。

又与坚、兢等重修《则天实录》，编为三十卷。夫旧史之坏，其乱如绳，错综艰难，期月方毕。虽言无可择，事多遗恨，庶将来削稿，犹有凭焉。

大抵自古史臣撰录，其概梗如此。盖属词比事，以月系年，为史氏之根本，作生人之耳目者，略尽于斯矣。自余偏记小说，则不暇具而论之。（节选）

【翻译】

......

汉武帝时，太史公司马谈想整理古今史籍，编成一部完整的史书，但他的愿望没有达到就死去。于是他的儿子司马迁继承他的事业，采集《左传》、《国语》，删改《世本》、《战国策》，根据楚、汉列国的大事，上自黄帝起，下到汉武帝元狩年止，编成十二本纪、十表、八书、三十世家、七十列传，总共一百三十篇，总称它为《史记》。它配合《六经》保留了不同的说法，整理了诸子百家杂史，把正本藏在名山，副本留在京师，以便后世的贤人君子观看。到汉宣帝时，司马迁的外孙杨恽开始读到此书，并仿效它，于是《史记》才公诸于世。但还有十篇没有编好，只有目录。汉元帝、汉成帝之间，褚少孙又根据缺少的篇目，补编《武帝纪》、《三王世家》、《龟策》、《日者》等传，褚少孙的言辞大多鄙陋，不是司马迁《史记》本来的意思。……

《史记》所记载的事迹，它的年代到汉武帝时止，汉武帝太初年以后，就空缺而没有记载。这以后刘向和他的儿子刘歆及一些爱好史事的人，如冯商、卫衡、扬雄、史岑、梁审、肆仁、晋冯、段肃、金丹、冯衍、韦融、萧奋、刘恂等依次继续撰写，编著止于汉哀帝、汉平帝年间，仍然称为《史记》。到汉光武建武年中，司徒掾班彪认为这些著作的言辞鄙俗，不能够继承《史记》；又认为扬雄、刘歆赞美新朝王莽，贻误后人，蛊惑民众，不应当流传于后代。他于是采集旧事，贯通四方异闻，编著《后传》六十五篇，他的儿子班固认为他父亲编撰的《后传》还不能成为一家史书，于是从汉高祖起，到王莽止，共十二代，二百三十年，综合他们的事迹，上下贯通配合，编为《汉书》纪、表、志、传共一百篇。他编撰《汉书》还没有完成，碰上有人上书控告他私自改作《史记》，皇帝下令京兆尹把班固拘系下狱，全部登记查封他家里所有书籍。他的弟弟班超赶赴宫廷上书诉冤，汉明帝召见，班超说班固是继续完成他父亲的著作，没有删改《史记》，汉明帝才明白这回事。当即释放班固，征召他去校勘书籍，不久又受诏完成编著《汉书》的任务。经过二十余年，到汉章帝建初年中才完成《汉书》的编撰。

后来班固因随窦宪征伐匈奴，兵败而牵连获罪，死在洛阳监狱。他著的《汉书》颇为散乱,没有人能综合整理。班固的妹妹班昭学识渊博并有撰著才能,接受诏命整理著述《汉书》,又挑选高才郎马融等十人,跟随班昭学习编撰。《汉书》的八表和《天文志》等,还是没有编成,剩下的部分,大多是待诏东观的马续编著的。而且《古今人表》不像原来的《汉书》。……

最初,汉献帝认为班固《汉书》文辞烦多不易查看,于是诏命侍中荀悦依照《左传》编年体例,删减为《汉纪》三十篇,命秘书监供给纸笔,经过五、六年才完成。此书言辞简要,也和《汉书》纪传同时流行于世间。

……

……晋武帝泰始中,秘书丞司马彪开始整理众书,编辑见闻,从光武帝起,到汉献帝止,记载十二代帝王,依次编写二百年史事,上下贯通,广泛收集很多史事,作纪、志、传共八十篇,称为《续汉书》。还有散骑常侍华峤删定《东观记》为《汉后书》,帝纪十二、皇后纪二、典十、列传七十、谱三,总共九十七篇。……

到南朝宋宣城太守范晔,广泛地采集各家后汉史书,遍览旧时所有的典籍,烦冗的加以删削,简略的加以补充,作成《后汉书》,共十纪、十志、八十列传,合为百篇。适逢范晔因获罪被拘押监狱,其中的十志没有编成就死去。在此之前,晋朝东阳太守袁宏抄摘《汉氏后书》,依照荀悦《前汉纪》编年体,著《后汉纪》三十篇。当时谈论汉中兴史的,都认为只有范晔《后汉书》和袁宏《后汉纪》二家而已。

……

到晋武帝司马炎即位,统一天下,著作郎陈寿于是收集三国史书,编撰为《三国志》,总共六十五篇。当时夏侯湛也著有《魏书》,看到陈寿所作的《三国志》,便毁稿停笔。陈寿去世之后,梁州大中正范頵上表说《三国志》明辨是非得失,文多劝勉警诫,有益于风俗教化,请求将此书搜求过录。于是下诏河南尹,派人到家里去抄写他的著作。

最初,魏国时京兆人鱼豢私自撰写《魏略》,事迹止于魏明帝。后来孙盛撰写《魏氏春秋》,王隐撰写《蜀记》、张勃撰写《吴录》,各种不同的说法交互出现,流派最多。宋文帝认为《三国志》记载事情,过于简略,于是命中书郎裴松之兼采众书,补注它所缺少的。从此谈《三国志》的,都以裴松之《注》为重要版本。

……

唐太宗贞观年间,皇帝有诏书认为前后晋史共有十八家,著作虽多,都不完善,于是命史官重新加以编写。采集正史和杂说数十余部,并引用非正统的十六国史书,撰为纪十、志二十、列传七十、载记三十,及叙例、目录合为一百三十二卷。从此谈晋史的,都舍弃原来的旧本,争相选用唐代新编的《晋书》。

……

到南齐,著作郎沈约又重新补续以前宋史的遗漏,编成新的宋史。最初从晋安帝义熙年开始,终止于顺帝升明三年,编为纪十、志三十、列传六十,合成百卷,名为《宋书》。齐武帝永明末年,《宋书》已经流行于世,河东裴子野又删改为《宋略》二十卷,沈约见书感叹说:"我所不及啊。"从此世上谈宋史的,以《裴略》为第一,以沈约《宋书》为第二。

……梁武帝天监中,太尉录事萧子显奏请撰写齐史。史书编成,上表奏于朝廷,诏命将书交付秘阁收藏。从宋顺帝升明年间开始,到齐东昏侯永元年间止,编为纪八、志十一、列传四十,合成五十九篇。

……

唐太宗贞观初年,姚察的儿子姚思廉为著作郎,奉诏撰成梁、陈二史。这是依据他父亲的旧稿,重新加以撰写,经历了整整九年的时间,才全部完成。定名为《梁书》五十卷、《陈书》三十六卷,现今同时流行于世。

……

北齐文宣帝高洋天宝二年,命秘书监魏收广泛采集旧时见闻,统括编成魏史。又命刁柔、辛元植、房延祐、睦仲让、裴昂之、高孝干等协助他编写。魏收所选用的史官,害怕他们会以才能超越自己而轻视自己,所以刁、辛诸人都缺乏史才,只靠貌似学者之流,依附权势得到进用。于是他大力征求百家的谱表行状,斟酌取舍编成《魏书》。上起自道武,下终于孝靖,纪、传和志总计一百三十卷。魏收谄媚北齐,对北魏宗室多有不公平的记载。既偏私北朝,又大加诬蔑南朝。他资性忌恨胜过自己的人,喜欢记住过去的怨恨,世家大族品德很好的人和他有怨的,无不加上羞辱的言辞,埋没他们的好事。他还把自己的怨怒发泄到各个方面,直至诋毁别人的祖先。《魏书》编成后才上奏朝廷,诏命魏收在尚书省和诸家子孙共同讨论。前后呈书控告他的多达百多人。当时尚书令杨遵彦,是一代贵臣,权势超过一切官吏。魏收把他的家传写得很美,因此深受他的庇护支持。好多控告魏收史书的人都受到很重的责罚,有的甚至死在狱中,群情激愤,怨声不息。孝昭帝高演时,命令魏收加以修改审查,然后向外宣布。武成帝高湛曾经访问群臣,大家仍然说魏史不真实,又令魏收整理修改,因此魏收几次删改《魏书》,更动很多。由于这些原因社会上都鄙薄《魏书》,称它为"秽史"。

……

到北齐灭亡,隋秘书监王劭、内史令李德林因年少时一同在北齐邺都作官,知道的往事很多。王劭依靠它著述起居注,又扩大异闻,撰写编年体史书,称为《齐志》,共十六卷。李德林在北齐曾参与修撰国史,开始著纪传体史书二十七卷。到隋文帝开皇初年,他奉诏继续编撰,增加齐史三十八篇,已上送官府的,都收藏在宫中藏书的秘府。唐太宗贞观初年,诏令德林的儿子中书舍人李百药依照他父亲的旧稿,杂采它书,扩大为五十卷。当今谈齐史的,只有王劭、李百药二家。

宇文周史,西魏文帝元宝矩大统年间有秘书丞柳虬兼管著作,言辞正直,耿介不阿。他记载的事迹有些是值得称赞的。到隋文帝开皇中,秘书监牛弘补撰《周纪》共十八篇,简略地叙述大事,但仍然有矛盾抵触的地方。唐太宗贞观初年,诏命秘书丞令狐德棻、秘书郎岑文本共同加以修辑,定为《周书》五十卷。

隋史,当隋文帝开皇、仁寿时,王劭著隋书八十卷,以类别相从,定为篇目。但缺少编年、纪传,及其体例。隋炀帝时,只有王胄等所修撰的《大业起居注》。到隋炀帝江都被杀时,此书大多散失。唐太宗贞观初年,诏命中书侍郎颜师古、给事中孔颖达共同撰成《隋书》五十五卷,和新撰的《周书》一并流行于当时。

……

大唐统一天下,隋恭帝义宁、唐高祖武德年间,工部尚书温大雅首先撰写唐高祖《创业起居注》三篇。从此司空房玄龄、给事中许敬宗、著作郎敬播接续订立编年体，称为"实录"。仅止于高祖、太宗、高宗三帝，当时只有这部编年史书。

太宗贞观初年，姚思廉开始撰写纪传，粗略编成三十卷。到高宗显庆元年，太尉长孙无忌和于志宁、令狐德棻、著作郎刘胤之、杨仁卿、起居郎顾胤等，沿袭那些旧时著作，接续以后的事情，又撰写五十卷。虽说繁琐杂乱，但常有可观之处。高宗龙朔中，许敬宗又以太子少师总管编史任务，又增补以前的著作，合编成一百卷。如《高宗本纪》及高宗永徽年的名臣、四夷等传，因多数是他所撰写的。又起草十志，没有编到一半就死去。许敬宗所编写的纪传，或者用曲笔迎合当时权势的旨意，或者苟且地掩饰私人间的怨恨，凡是有诋毁称赞的，大都不是如实的记载。如果一定要拿他和魏收相比，两人很相类似，也正如张衡和蔡邕的才貌相像一样。以后左史李仁实继续撰写《于志宁》、《许敬宗》、《李义府》等传，记言记事，被推许为直笔。可惜他寿命短促，修撰史书的功业没有完成。到武后长寿中，春官侍郎牛凤及又以高祖武德年为上限，到高宗弘道年为止，撰写为《唐书》一百一十卷。凤及因为聋哑没有才能，但又动辄评议一代的重大典章制度，凡是他所撰录的，都预先索取私家行状,而叙述当世的人事,自己却不能通情达理。有些文辞都是比兴,完全类似歌咏,有的言语大多鄙朴,如同公文案牍,而总目编排,完全没有一点改变。其中虽有出自胸怀,表达他的命意构思,但出言却嗤鄙怪诞,叙事也参差倒错。所以看他的篇章次序,怎么能说可以欣赏;分析他的章句,又不知道说些什么。不久以后他把姚思廉、许敬宗所编的几种史书完全收藏起来,想使他编撰的史书独行于世。因此唐代的旧事,几乎完全残缺了。

武后长安十八年,我和正谏大夫朱敬则、司封郎中徐坚、左拾遗吴兢奉诏再次编撰《唐书》,总编成八十卷。中宗神龙元年,又和徐坚、吴兢等重新修撰《则天实录》,编为三十卷。旧史紊乱的地方如像纠结在一起的绳索,交错综合,要整理清楚是十分艰难的,经过整整一个月才完成。虽然言辞没有可以采取的,事实又多感不足,但是希望将来修改书稿,还能有资料依据。

大抵自古史臣撰录史书的梗概就是这样。撰写文辞排列史事,以月系年,是史官的根本,作为民众的见闻,大略也都在这里了。剩下的偏记小说,就没有空闲时间一一谈论了。

疑　古

《尚书》为儒家的五经之一,是被后世奉为经典的历史文献。刘知几在本文中着重探讨了《尚书》一书,它以记言为主,而记事缺略,万不记一,所以一些历史真相不易为人们所理解。他特别对孔子以来儒家所美化的尧、舜、禹、汤等古代帝王的事迹提出怀疑,批评《尚书》隐恶虚美,爱憎由己,情理不通,前后矛盾。刘知几虽然未能正确地揭示出产生这些现象的原因,是儒家出于寄托政治理想的需要;但他从历史学家的角度出发,强调要忠于历史事实,主张直书实录,反对曲笔隐讳,敢于大胆怀疑经书,讥议圣贤,表现出勇敢的批判精神,这仍是十分可贵的。

……

……孔门之著录也,《论语》专述言辞,《家语》兼陈事业①。而自古学徒相授,唯称《论语》而已。由斯而谈,并古人轻事重言之明效也。然则上起唐尧,下终秦穆,其《书》所录,唯有百篇。而《书》之所载,以言为主。至于废兴行事,万不记一。语其缺略,可胜道哉!故令后人有言,唐、虞以下帝王之事,未易明也。

……

又案鲁史之有《春秋》也,外为贤者,内为本国,事靡洪纤,动皆隐讳。斯乃周公之格言。然何必《春秋》,在于《六经》,亦皆如此。故观夫子之刊《书》也,夏桀让汤,武王斩纣,其事甚著,而芟夷不存。观夫子之定礼也,隐、闵非命②,

---

① 《家语》:见《六家》"尚书家"注。 ② 定礼:指修《春秋》,因为《春秋》是周礼的旧法,所以这样说。隐、闵非命:春秋时鲁国大夫羽父请鲁隐公杀桓公,想得到太宰官职。隐公说我将要把君位给桓公。羽父惧怕,反过来要求桓公杀隐公。后来羽父杀害隐公,拥立桓公。事见《左传·隐公十一年》。又鲁闵公傅夺取了大夫卜齮(yǐ 椅)的田,闵公不制止,大夫共仲支使卜齮杀害闵公。事见《左传·闵公二年》。

恶、视不终①，而奋笔昌言，云"鲁无篡弑"。故夫子之删《诗》也，凡诸《国风》，皆有怨刺，在于鲁国，独无其章②。观夫子之《论语》也，君娶于吴，是谓同姓，而司败发问③，对以"知礼"。斯验世人之饰智矜愚，爱憎由己者多矣。加以古文之载事，其词简约，推者难详，缺漏无补。遂令后来学者莫究其源，蒙然靡察，有如聋瞽。今故讦其疑事，以著于篇④。……

盖《虞书》之美放勋也，云"克明俊德"⑤。而陆贾《新语》又曰："尧、舜之人，比屋可封⑥。"盖因《尧典》成文而广造奇说也。案《春秋传》云：高阳、高辛二氏各有才子八人，谓之"元"、"凯"⑦。此十六族也，世济其美，不陨其

---

① 恶、视不终：鲁文公的第二个妃子敬嬴生宣公。敬嬴勾结大夫襄仲立宣公，并请求齐侯支持。于是襄仲杀掉文公长妃齐姜所生的恶和视，而立宣公。事见《左传·文公十八年》。　②"凡诸国风"至"独无其章"：原注："鲁多僻淫，岂无刺诗？盖夫子删去而不录。"　③ 司败：官名，即司寇。　④ 原书所疑十条，本文节录其中四条。　⑤ 克明俊德：克，能；明，识别。俊德，指才德兼备的人。谓能识别而任用这些人。　⑥ 比屋可封：谓挨门挨户的人都可任用。封，帝王把爵位、土地或名号赐给臣子。引申为任命。　⑦ 元、凯：指古代传说中的八元八凯。八凯：高阳氏有才子八人，即苍舒、隤敳（ái 癌）、梼戭（yǎn 演）、大临、龙降、庭坚、仲容、叔达。八元：高辛氏的八个才子，即伯奋、仲堪、叔献、季仲、伯虎、仲熊、叔豹、季狸。

名,以至于尧,尧不能举。帝鸿氏、少昊氏、颛顼氏各有不才子,谓之"浑沌"、"穷奇"、"梼杌"。此三族也,世济其凶,增其恶名,以至于尧,尧不能去。缙云氏亦有不才子,天下谓之"饕餮"①,以比三族,俱称"四凶"。而尧亦不能去。斯则当尧之世,小人君子,比肩齐列,善恶无分,贤愚共贯。且《论语》有云:舜举皋陶②,不仁者远③。是则当皋陶未举,不仁甚多,弥验尧时群小在位者矣。又安得谓之"克明俊德"、"比屋可封"者乎?其疑一也。

《尧典序》又云:"将逊于位,让于虞舜。"孔氏《注》曰:"尧知子丹朱不肖,故有禅位之志。"案《汲冢琐语》云:"舜放尧于平阳。"而书云某地有城,以"囚尧"为号。识者凭斯异说,颇以禅授为疑。然则观此二书,已足为证者矣,而犹有所未睹也。何者?据《山海经》,谓放勋之子为帝丹朱④,而列君于帝者,得非舜虽废尧,仍立尧子,俄又夺其帝者乎?观近古有奸雄奋发,自号勤王⑤,或废父而立其子,或黜兄而奉其弟,始则示相推戴,终亦成其篡夺。求诸历代,往往而有。必以古方今,千载一揆。斯则尧之授舜,其事难明,谓之让国,徒虚语耳。其

---

① 饕餮(tāo tiè 滔帖):古代传说贪婪凶恶之人。 ② 皋陶(gāo yáo 皋尧):传说中东夷族的首领,曾被舜任为掌管刑法的官。 ③ 不仁者远:指尧的大臣舜流放四凶族于四方边远之地。 ④ 放勋:尧名放勋。 ⑤ 勤王:谓起兵救援王朝。

疑二也。

　　《虞书·舜典》又云："五十载,陟方乃死①。"注云②:"死苍梧之野,因葬焉。"案苍梧者,于楚则川号汨罗,在汉则邑称零、桂。地总百越,山连五岭。人风婐划③,地气歊瘴④。虽使百金之子,犹惮经履其途;况以万乘之君,而堪巡幸其国?且舜必以精华既竭,形神告劳,舍兹宝位,如释重负。何得以垂殁之年,更践不毛之地?兼复二妃不从,怨旷生离,万里无依,孤魂溘尽⑤,让王高蹈,岂其若是者乎?历观自古人君废逐,若夏桀放于南巢,赵迁迁于房陵⑥,周王流彘,楚帝徙郴⑦,语其艰棘,未有如斯之甚者也。斯则陟方之死,其殆文命之志乎⑧?其疑三也。

……

---

① 陟方:登上南岳衡山而死。陟,升。方,方岳,即四岳,此指南岳衡山。旧注陟:升。方:道。谓登上道路,南方巡守而死。　② 注云:指孔安国《传》。　③ 婐划:即文身。在身体上刺画有色的图案或花纹。婐读作裸。　④ 歊(xiāo 肖)瘴:即瘴气。　⑤ 溘(kè 课):忽然。　⑥ 赵迁迁于房陵:战国时,秦人攻赵,赵王迁降,流放他于房陵。事见《史记·赵世家》裴骃《集解》引《淮南子》。按赵迁原作赵嘉,今据《淮南子》改。　⑦ 楚帝徙郴:秦末项羽派人把楚义帝迁徙到长沙郴县,暗地命衡山、临江王击杀义帝于江中。事见《史记·项羽本纪》。　⑧ 文命:夏禹名文命。

夫《五经》立言，千载犹仰，而求其前后，理甚相乖。何者？称周之盛也，则云三分有二，商纣为独夫；语殷之败也，又云纣有臣亿万人，其亡流血漂杵。斯则是非无准，向背不同者焉。又案武王为《泰誓》，数纣过失，亦犹近代之有吕相为晋绝秦①，陈琳为袁檄魏②，欲加之罪，能无辞乎？而后来诸子，承其伪说，竞列纣罪，有倍《五经》。故子贡曰：桀、纣之恶不至是，君子恶居下流。班生亦云：安有据妇人临朝！刘向又曰：世人有弑父害君，桀、纣不至是，而天下恶者必以桀、纣为先。此其自古言辛、癸之罪③，将非厚诬者乎？其疑六也。

……

大抵自《春秋》以前，《尚书》之世，其作者述事如此。今取其正经雅言，理有难晓，诸子异说，义或可凭，参而会之，以相研核。如异于此，则无论焉。夫远古之书，与近古之史，非唯繁约不类，固亦向背皆殊。何者？近古之史也，言唯详备，事罕甄择。使夫学者睹一邦之政，则

---

① 吕相绝秦：春秋时晋厉公使大夫吕相与秦绝交。吕相数秦国的恶状，大都夸张其辞。事见《左传·成公十三年》。 ② 陈琳为袁檄魏：陈琳（？—217）；字孔璋，避难冀州，曾为袁绍写檄书，书中不仅列举曹操本人恶状，还骂曹操的祖宗。事见《三国时·魏书·陈琳传》。 ③ 辛：商纣名。癸：夏桀名。

善恶相参;观一主之才,而贤愚殆半。至于远古则不然。夫其所录也,略举纲维,务存褒讳,寻其终始。隐没者多。尝试言之,向使汉、魏、晋、宋之君生于上代,尧、舜、禹、汤之主出于中叶,俾史官易地而书,各叙时事,校其得失,固未可量。若乃轮扁称其糟粕①,孔氏述其传疑②,孟子曰:尽信《书》,不如无《书》。《武成》之篇,吾取其二三简。推此而言,则远古之书,其妄甚矣。岂比夫王沈之不实,沈约之多诈,若斯而已矣。(节选)

【翻译】

……

……孔子门徒的著述,《论语》专门记述言辞,《孔子家语》记言同时记事。然而自古以来学徒们转相传授,只是称赞《论语》罢了。由此说来,都是古人轻视记事重视记言的明显验证。既是这样,那么《尚书》的记载上起唐尧,下终于秦穆公,只不过一百篇。书中的记载,以言

---

① 轮扁称其糟粕:春秋时齐桓公在堂上读书,木匠轮扁放下椎凿而问桓公:"敢问公读些什么?"桓公回答说:"圣人的言辞。"轮扁又问:"圣人还在吗?"桓公答:"已死。"轮扁于是说:"那么你读的,是古人的糟粕而已。"事见《庄子·天道篇》。 ② 孔子述其传疑:指孔子作《春秋》时把有缺文自己认为可疑的也照样传给后世。事见《穀梁传·桓公十四年》。

辞为主，而兴起衰落的经历过程，记下的不到万分之一。要说它的缺略，怎么说得完呢！所以后来的人说，唐、虞以下帝王的事情，不容易明了。

……

考查鲁史中的《春秋》，外为贤者，内为本国，事情不论大小，动辄都加隐讳。这就是周公奉行的准则。然而何止《春秋》，在《六经》中，也都是这样。所以看孔子的改定《尚书》，夏桀让位于成汤，武王杀死商纣，这些事都很明显，但经孔子的删除都不存在了。观看孔子的修撰《春秋》，鲁隐公、鲁闵公被弑，鲁文公长妃所生的恶和视被杀，而《春秋》挥笔说好话，说"鲁国没有篡国弑君"的事情。观看孔子删定的《诗经》，在所有的国风当中，都有怨恨讽刺的诗歌，唯独鲁国没有这样的篇章。观看孔夫子的《论语》，鲁昭公从吴国娶了夫人，这是同姓通婚，不合周礼的，但当陈国的司败问孔子：昭公是否知礼时，孔子却回答说"知礼"。这就证明世人玩弄智巧夸耀愚人，爱憎多出于自己的主观成见。加以用古文辞记事，文辞简括，推究的人难以详细了解，缺漏之处又没有人补上。于是使后来的学者不能彻底推求它的根源，模糊不明，有如耳聋眼瞎。因此，现在揭发出那些可疑的事，著述于本篇。……

《虞书》赞美唐尧，说他"克明俊德"。而陆贾《新语》

又说:"尧、舜之民,比屋可封。"这是沿袭《尧典》的现有记载而推衍编造出来的奇异说法。考《春秋左传》说:高阳氏、高辛氏各有有才能的子孙八人,称为"八元"、"八凯"。这十六个家族,世世代代都继承他们的美好品德,没有丧失他们的名声,一直到尧的时代,但是尧未能推举选拔他们。帝鸿氏、少昊氏、颛顼氏每家都有一个品德很坏的儿子,称为"浑沌"、"穷奇"、"梼杌",这三个家族,世世代代都继承他们的凶残习性,更增加了他们丑恶的名声。一直到尧的时代,但是尧未能除掉他们。缙云氏也有一个品德很坏的儿子,天下称它做"饕餮"。以他和前三族相合,共称为"四凶"。但是帝尧也未能把他们除掉。这就说明在帝尧的时代,小人君子,都处于同等的地位,善恶不分,贤愚共处。而且《论语》还说:舜任用咎繇,残暴的人就逃跑到远方了。这样看来,那么当咎繇未被任用时,坏人一定很多,更加证明帝尧时有一伙小人处在统治的位置上。这又怎么能说帝尧"能识别才德兼备的人"、"家家都有德行高超的人可以任用"呢?这是值得怀疑的第一点。

《尧典·序》又说:"尧将要让位了,要把帝位禅让给虞舜。"孔安国注说:"尧知道自己的儿子丹朱不好,所以有禅让帝位的打算。"考《汲冢琐语》说:"舜把尧流放到平阳。"而且书上还说某地有某城,因为"囚尧"而得名。

有见识的人根据这些不同说法,对所谓禅让大加怀疑。那么仅看看这两部书,已经足够作为证明的了,更不用说还有没有见到的。为什么呢?根据《山海经》,称放勋的儿子为帝丹朱,把他排在帝王的行列,岂不是舜虽然废掉尧,仍然使尧的儿子丹朱即位,不久舜又篡夺了他的帝位吗?观看近古奸雄的兴起,自称勤王,有的废掉父亲而拥立他的儿子,有的废掉哥哥而拥立他的弟弟,开始表示拥护爱戴,最终达到篡夺目的。探求历代史事,往往有这样的情况。如果以古比今,千年以来都是一样。这样看来尧传位给舜,这件事情难以弄明白,称他为让国,只不过是假话罢了。这是值得怀疑的第二点。

《虞书·舜典》又说:"舜在位五十年,到南方巡视登上南岳衡山而死。"孔安国《注》说:"舜死在苍梧的田野,因而埋葬在那里。"考查苍梧这个地方,在楚国有河川称为汨罗,在汉时有城邑称作零陵、桂阳。地域包括百越,山脉连接五岭。人民风俗喜欢在身上刺画花纹,地上有许多湿热的瘴气。即便是经商的人,都害怕走那些道路;何况一个大国的君主,哪能亲临巡视这样的地方?而且舜一定是精力已经衰竭,身心疲劳需要休息,舍去帝王的宝位,如同放下重担。怎么会在将死之年,再踏上这荒凉之地?加以他的两个妃子又没有跟随,怨恨离别的孤苦,遥远无依,孤身死去,说他让去王位独自远行,难道会是这样的么？遍观自古以来人君的废弃流亡,如夏桀被流放在南巢,赵迁被迁移到房陵,周厉王被流放在彘地,楚义帝被迁徙到郴县,虽说他们艰难危急,都没有像舜这样的严重。这所谓舜南巡登衡山而死,恐怕是夏禹的旨意吧？这是值得怀疑的第三点。

……

　　《五经》的著述,千年以来仍然受到人们的敬仰,但是研究它的前前后后,很多事理互相矛盾。为什么呢？称赞周朝的强盛,就说天下三分它占了二分,商纣是孤独的鄙夫；说到殷朝的衰败,又说商纣有臣民亿万,它败亡时血流成河,可以飘浮起筑土的木棰。这就是是非没有标准,正反两面完全不同。又考查武王作《泰誓》,一一数落商纣的罪过,也好像近代吕相为晋与秦断绝交往的说辞,陈琳为袁绍所写的讨曹操的檄文,想要给别人加上罪名,还能没有话说吗？但是后来的诸子,继承这些假话,争相列举商纣的罪过,比《五经》又大大增加。所以子贡说:夏桀、商纣的罪恶不至于这样,君子讨厌处在下流。班伯也说:怎么会有拥抱着妇人临朝议政的！刘向又说:世人有杀害君父的,但夏桀、商纣不至于这样。然而天下的坏名声必定都首先集中在桀、纣身上。这样看来,自古以来说夏桀、商纣的罪过,不就是很大的冤屈吗？这是值得怀疑的第六点。

……

大概自《春秋》以前，到《尚书》的时代，那些作者叙述事情都是这样。今天摘取儒家经典中当时通行的言辞，其中道理有难于理解的，各家著作的说法不同，事理偶有可以作为依据，把它们参合起来，加以研究考查，如果有和这些不同的。就不再讨论了。远古和近古时代的史书，不只是繁简不同，本来就正反各异。为什么呢？近古的史书，记言虽然详细完备，但记事却很少有鉴别选择。使学者观察一国的政事，善恶就相互参杂；看一个君主的才能，贤愚几乎各占一半。至于远古的史书就不是这样。那些书所记载的，简要地举出大纲细目，一定有赞美和忌讳，探究它的底细，其中隐避埋没的不少。我曾经谈过，假若汉、魏、晋、宋的帝王生在上代，尧、舜、禹、汤的君主生在中叶，使史官互相调换所处的地位来记载，各自叙述当时的事情，比较他们的得失，一定很难估量。就如像轮扁把古人的书称为糟粕，孔子叙述《春秋》把那些有疑义的地方也传给别人一样，孟子说：完全相信《尚书》，不如没有《尚书》。对于《尚书·武成》这一篇，我取它不过二三页罢了。由此推论，那些远古的书，其中虚假不实的记载是很多的。它比起王沈《魏书》的滥述，沈约《宋书》的虚夸，也不过这样罢了。

惑　经

　　本篇对五经中的《春秋》进行分析评论。指出它的内容使人"未谕者有十二",后人对它"虚美者有五",从修史的原则、方法、体例等方面,尖锐地批评了孔子和《春秋》,批评了那些不符合实际的虚假赞美。还对长期以来的尊圣宗经思想客观上起了一定的破除迷信的作用。

　　但同时应该看到,刘知几并不否定孔子,也不离经叛道。在本篇和其他篇中可以看出,他仍是维护名分等级和纲常伦理的。他对《春秋》的批评,也有人提出不同的看法。然而作为史学家的刘知几,把《春秋》作为历史来研究,从史学的角度、从编史的要求出发,对古史进行勇敢的探索,表现出大胆的批判精神;对史学研究的严肃认真,一丝不苟的精神,仍然是可贵的,值得肯定的。

……孔氏之立言行事,删《诗》赞《易》,其义既广,难以具论。今惟摭其史文,评之于后。

案夫子所修之史,是曰《春秋》。窃详《春秋》之义,其所未谕者有十二①。

……

盖明镜之照物也,妍媸必露,不以毛嫱之面或有疵瑕②,而寝其鉴也;虚空之传响也,清浊必闻,不以绵驹之歌时有误曲③,而辍其应也。夫史官执简,宜类于斯。苟爱而知其丑,憎而知其善,善恶必书,斯为实录。观夫子修《春秋》也,多为贤者讳。狄实灭卫④,因桓耻而不书⑤;河阳召王,成文美而称狩⑥。斯则情兼向背,志怀

---

① 本文节选其中四条。 ② 毛嫱(qiáng 墙):古时的美女。 ③ 绵驹:春秋时齐国人。善于歌唱。 ④ 狄实灭卫句:鲁闵公二年,狄人讨伐并灭亡卫国。《春秋》只记载"狄入卫"。 ⑤ 因桓耻不书:《春秋》为贤者避讳,因齐桓公以不能攘除夷狄,挽救中国为耻,所以要为他隐讳,不记载狄人灭卫的事。 ⑥ 召王称狩句:春秋时晋文公召周天子和诸侯会见,派人劝说周王来河阳田猎。孔子为了隐讳文公以臣召君的过错,褒扬晋文公的功德,所以在《春秋》里记载为"周天子狩于河阳"。

彼我①。苟书法其如是也,岂不使为人君者,靡惮宪章,虽玷白圭②,无惭良史也乎?其所未谕三也。

……

夫臣子所书,君父是党,虽事乖正直,而理合名教,如鲁之隐、桓戕弑③,昭、哀放逐④,姜氏淫奔⑤,子般夭酷⑥。斯则邦之孔丑,讳之可也。如公送晋葬⑦,公与吴盟⑧,为齐所止⑨,为邾所败⑩,盟而不至,会而

---

① 志:记事。 ② 玷(diàn 店)白圭:玷,玉上的斑点。用以比喻人的缺点、过失。白圭:白玉。 ③ 隐、桓戕弑:指春秋时鲁隐公被大夫羽父派人杀死。事见《春秋》及《左传·隐公十一年》。春秋时鲁桓公和夫人姜氏到齐国,姜氏和齐侯通奸。桓公怒责姜氏,齐侯派力士借帮助桓公上车拉杀桓公。 ④ 昭、哀放逐:春秋时鲁昭公讨伐大夫季平子,季氏反兵驱逐昭公,昭公逃奔于齐的相州。又鲁哀公忧虑大夫孟孙、叔孙、季孙三个桓公后代的挟持,想借越国伐鲁的机会除去三桓。三桓攻哀公,哀公从邾逃奔越国。 ⑤ 姜氏奔淫:见本篇注。 ⑥ 子般夭酷:春秋时,鲁庄公死,子般即位,鲁大夫共仲派人杀子般。夭酷,未成年而惨死。 ⑦ 公送晋葬:鲁成公到晋国,晋人要他给晋景公送葬。鲁人以为耻辱,而不记载。 ⑧ 公与吴盟:指《春秋》没有记载鲁哀公和吴国的两次盟会。 ⑨ 为齐所止:春秋时鲁哀公与齐会盟于淮,齐人扣留僖公。止,执,扣留的意思。 ⑩ 为邾(zhū 朱)所败:鲁僖公和邾军战于升陉,被邾打败。邾人把缴获僖公的头盔悬挂在鱼门城门上,鲁国人以为耻辱而不记载。

后期①，并讳而不书，岂非烦碎之甚？且案汲冢竹书《晋春秋》及《纪年》之载事也②，如重耳出奔，惠公见获③，书其本国，皆无所隐。唯《鲁春秋》之记其国也，则不然。何者？国家事无大小，苟涉嫌疑，动称耻讳，厚诬来世，奚独多乎！其所未谕八也。

……

案晋自鲁闵公已前，未通于上国。至僖二年，灭下阳已降④，渐见于《春秋》。盖始命行人自达于鲁也⑤，而《琐语春秋》载鲁国闵公时事⑥，言之甚详。斯则闻事必书，无假相赴者也。盖当时国史，它皆仿此。至于夫子所修也则不然。凡书异国，皆取来告，苟有所告，虽小必书；如无其告，虽大亦阙。故宋飞六鹢⑦，小事也，以有告而书之；晋灭三邦⑧，大事也，以无告而阙之。用使巨细

---

① 盟不至、会后期：指诸侯会盟于扈，鲁文公没有到会；齐侯、晋大夫等又会盟于扈，鲁文公后到。 ②《晋春秋》及《纪年》：见《六家》"春秋家"注。 ③ 重耳出奔、惠公见获：今本《纪年》无此二条。 ④ 灭下阳句：指从鲁僖公二年虞、晋灭虢的下阳开始，晋国的事情才见于《春秋》。下阳：在今山西平陆县境。 ⑤ 行人：使臣的通称。 ⑥ 琐语春秋：据另一种本子"春秋"前应有"晋"字。 ⑦ 宋飞六鹢：春秋时有六只鹢鸟遇风退回，经宋国都城，宋人以为是灾害的征兆而告诉诸侯。鹢（yì 益）：水鸟名。 ⑧ 晋灭三邦：《史通》原注：即晋国灭耿、魏、霍三个小国。

不均,繁省失中,比夫诸国史记,奚事独为疏阔? 寻兹例之作也,盖因周礼旧法,鲁策成文。夫子既撰不刊之书,为后王之则,岂可仍其过失,而不中规矩者乎? 其所未谕十一也。

盖君子以博闻多识为工,良史以实录直书为贵。而《春秋》记它国之事,必凭来者之辞;而来者所言,多非其实。或兵败而不以败告①,君弑而不以弑称②,或宜以名而不以名,或应以氏而不以氏③,或春崩而以夏闻,或秋葬而以冬赴④。皆承其所说而书,遂使真伪莫分,是非相乱。其所未谕十二也。

凡所未谕,其类尤多,静言思之,莫究所以。岂"夫子之墙数仞,不得其门"者欤? 将"某也幸,苟有过,人必知之"者欤? 如其与夺,请谢不敏。

又世人以夫子固天攸纵,将圣多能,便谓所著《春

---

① 兵败不以败告:如鲁隐公十一年,郑伯大败宋军,宋国不告此事,《春秋》因此无记载。 ② 不以弑称:《史通》本篇上文"未谕一"条原注:"襄公七年,郑子驷弑其君僖公;昭元年,楚公子围弑其君郏(jiá 夹)敖;哀公十年,齐人弑其君悼公。而《春秋》但书云'郑伯髡顽卒'、'楚子麇卒'、'齐侯阳生卒'。" ③ 宜名不名、宜氏不氏:如鲁隐公七年,滕侯卒,不记载其名;成公十五年,宋杀其大夫山,不记载其姓氏。 ④ 春崩夏闻:指死时和听到时晚了许多时间。

秋》，善无不备。而审形者少，随声者多，相与雷同，莫之指实。权而为论，其虚美者有五焉①。

……

又案宋襄公执滕子而诬之以得罪②，楚灵王弑郏敖而赴之以疾亡③，《春秋》皆承告而书，曾无变革。是则无辜者反加以罪，有罪者得隐其辜，求诸劝戒，其义安在？而左丘明论《春秋》之义云："或求名而不得，或欲盖而名彰，""善人劝焉，淫人惧焉。"其虚美二也。

又案《春秋》之所书，本以褒贬为主。……自夫子之修《春秋》也，盖他邦之篡贼其君者有三④，本国之弑逐其君者有七⑤，莫不缺而靡录，使其有逃名者。而孟子云："孔子成《春秋》，乱臣贼子惧。"无乃乌有之谈欤？其虚美三也。

……

考兹众美，征其本源，良由达者相承，儒教传授，既欲神其事，故谈过其实。语曰："众善之，必察焉。"孟子

---

① 本文节选其中两条。 ② 执滕子：春秋时，凡是君无道的，诸侯可讨伐而捉拿他。鲁僖公十九年，宋襄公为了称霸，显示威风，而捉住滕宣公，诬陷他有罪。 ③ 弑郏敖：见"未谕十二"注。 ④ 他邦篡贼君三：《史通》原注："谓齐、郑、楚。"
⑤ 本国弑逐君七：《史通》原注："（鲁国）隐公、闵公、子般、恶、视五君被弑，昭公、哀公二主被逐。"

曰："尧、舜不胜其美，桀、纣不胜其恶。"寻世之言《春秋》者，得非睹众善而不察，同尧、舜之多美者乎？

昔王充设论①，有《问孔》之篇②，虽《论语》群言，多见指摘，而《春秋》杂义，曾未发明。是用广彼旧疑，增其新觉，将来学者，幸为详之。（节选）

【翻译】

……孔子的著书立说，立身行事，删《诗》赞《易》，它的意义已很深远，很难作详尽的论述。现在只摘取其中的史文，评论于后。

孔子所编修的史书，名为《春秋》。我详细地分析了《春秋》的内容，其中使人不理解的有十二条。

……

明亮的镜子照东西，美丑必定如实地显露，不因为美女毛嫱的脸上偶尔有了瘢点，就停止了它照物的功能；空旷的山谷传出声音，声音清浊都一定能听出来，不因为騄駬唱歌间或有谬误的曲调，而中止它的回响。史官修纂史书，也应该像这样。如果能做到喜爱它而又知

---

① 王充设论：指王充所著《论衡》在文中提出问题，然后论辩。 ②《问孔》：王充《论衡》中的篇目名。其中都是指摘《论语》的。

道它的丑恶一面,憎恨它而又知道它的善良一面,善恶都一定要记载,这才是真实的记录。看孔子编修的《春秋》,很多地方都是为贤人隐讳的。狄人确实灭亡了卫国,因为齐桓公不能攘夷狄而感到羞耻,就不记载这件事情;晋文公在河阳召见周天子,因为要成全晋文公的美名,就把它写成周天子在河阳狩猎。这就是情感上有好恶的倾向,思想上怀着彼我的区分。如果记载历史依照这样的准则,岂不使那些作人君的,不畏惧历史的谴责,虽然他们的行为像白玉玷上了污点,在良史的笔下也不感到惭愧吗?这是不可理解的第三条。

......

臣下和儿子所记载的历史,都是偏私君主和父亲的,虽然这样的事情违背了正直的原则,但也合于名分礼教的道理。如像鲁国的隐公、桓公被残杀,昭公、哀公被放逐,鲁桓公的夫人姜氏与齐侯淫乱而跑到齐国,鲁庄公去世,子般未成年而惨死。这些都是鲁国的大丑事,隐讳是可以的。如像鲁成公为晋景公送葬,到晋国被扣留,鲁哀公和吴国盟会,鲁僖公被齐国捉住,被邾人打败,鲁国与诸侯盟会,有一次鲁文公没有参加,另一次盟会完了才到,所有这些都有意隐讳而不作记载,难道不是太烦琐吗?但是考查汲冢的竹书,这里《晋春秋》及《纪年》所记载的事情,如重耳出奔,晋惠公被秦国俘虏,记载本国的事，都没有隐讳。只有《鲁春秋》记载自己国家的事，就不是这样。这是为什么呢？鲁国的事无论大小，如果牵涉嫌疑，动辄隐讳，欺骗后世的人，为什么这样的多啊！这是不可理解的第八条。

……

考查晋国在鲁闵公以前，没有和大国交往的。到鲁僖公二年，晋献公灭虢国的下阳以后，在《春秋》中才逐渐见到有关晋国的记载。大概这时才命使者到达鲁国，但《琐语·晋春秋》记载鲁国闵公时候的事，说得很详细。这就是凡听到事情必定加以记载，不须借助别国来赴告。大概当时各国的史书，都仿照这样记载。至于孔子所编修的《春秋》就不是这样。凡是记载别国的事情，都采取来人的赴告。如果有人来告，虽是小事必定记载；如果没有来人赴告的，虽然是大事也缺少记载。所以有六只鹢鸟飞过宋国的小事情，因为有人来告就记载了；晋国灭亡耿、魏、霍三个小国的大事情，因为无人来告就缺少了这个记载。因而使《春秋》的记事大小不均，繁省失中，和各国史记相比，为什么记事偏偏这样不周密？探究他所写的这些事例，恐怕是因沿袭周代的礼法，鲁国史官所记的旧文。孔子编修的《春秋》既然被称为不可磨灭的史书，是后代帝王的准则，难道就可以因袭这些错误，可以不合规矩吗？这是不可理解的第十一条。

君子应该以博闻多识为好，优良的史官应该以实录直书为贵。但《春秋》记载别国的事情，必定依据来告者的言辞；而来告者所说的，大多不合事实。有的兵败的而不以兵败告，弑君的而不以弑君称，有的应该称名而不以名称，有的应贯以姓氏的而不贯以姓氏，或者国君死在春天，到夏天才听说，或者秋天安葬而冬天才赴告。照来告的人所说而作记载，于是真假不分，是非相乱。这是不可理解的第十二条。

算来我不理解的，这一类疑问还很多，冷静地思考，不能探究它的原因。难道真如前人所说，"孔子，墙高数丈，找不到它的门进去，窥见其中奥秘"么？或如孔子所说那样，"我很幸运，如果有过错，人们必定知道"呢？像我这样褒贬，请宽恕我的鲁莽愚蠢。

再说世上的人都认为孔子本来是上天让他成为圣人的，而且使他多才多能，因而便说他所著的《春秋》，所有的美好无不具备，但是具体审察的人很少，随声附和的很多，彼此雷同，没有人能指出他的实际情况。粗略地加以评论，他的虚美有五点。

……

又考宋襄公拘留滕子婴齐而诬陷他得罪于民，楚灵王杀了楚王郏敖而讣告诸侯，说他因为疾病而死，《春秋》都是照来告的人所说而记载，完全没有改动。这就使无辜者反而加上罪名，有罪的反而隐瞒了他的罪过，从史书的劝戒作用来要求，它的意义在哪里呢？但左丘明论《春秋》的意义说："有的想求名而得不到记载，有的想掩盖恶名却反而显著地记下了他的名字，""善人由此得到勉励，邪恶的人由此感到惧怕。"这是虚美的第二点。

又考查《春秋》所记载，本来是以褒贬为主。……但自孔子修《春秋》以来，在别国篡位和杀害君主的有三起，在本国杀害和驱逐君主的有七起，都缺漏而没有记载，使那些弑君的人逃脱了罪名。然而孟子说："孔子编成《春秋》，使乱臣贼子惧怕。"这不是没有根据的空话吗？这是虚美的第三点。

……

考查这许多的赞美，探究它的根源，确实是由于那些达官显贵互相继承，儒家学说的教育传授，要想把《春秋》所记的事情加以神化，所以言谈超过它的事实。《论语》说："大家认为好的，一定要加以审察。"孟子说："对尧、舜的赞美说不尽，对桀、纣的罪恶谈不完。"探究世上谈论《春秋》的人，能自别于那些看见大家都说好，就不加审察，附和尧、舜得到的众多赞美的人吗？

从前王充著《论衡》，其中有《问孔》一篇，虽然对《论语》上许多言论,作了多方面的指摘,但对《春秋》错杂的内容,却从未提出新的意见。因此我扩大王充旧的疑问,增加了新觉察到的问题,将来的学者,希望对它详细审察。

忤　时

《自叙》篇中概述作者"三为史官",不能推行自己的主张,实现抱负,因而请求辞退,自著《史通》。本篇又具体叙述求退的原因,小人得志,政治败坏,不能编成史书,留传后世;并列举"五不可",揭露出当时史馆的种种弊端。从中可以看出刘知几精研史学的志向,史馆工作的艰辛,请求辞退,实非本意,而是与时不合,志与愿违,是对当时现实表示出的很大愤慨。

孝和皇帝时①,韦、武弄权②,母媪预政③。士有附丽之者④,起家而绾朱紫⑤,予以无所傅会⑥,取摈当时。会天子还京师,朝廷愿从者众。予求番次,在大驾后发日⑦,因逗留不去。守司东都。杜门却扫,凡经三载。或有谮予躬为史臣,不书国事而取乐丘园,私自著述者。由是驿召至京,令专执史笔。于时小人道长,纲纪日坏,仕于其间,忽忽不乐,遂与监修国史萧至忠等诸官书求退⑧,曰:

仆幼闻《诗》、《礼》,长涉艺文,至于史传之言,尤所耽悦。寻夫左史、右史,是曰《春秋》、《尚书》;素王、素臣⑨,斯称微婉志晦。两京、三国,班、谢、陈、习阐其谟⑩;中朝、江左,王、陆、干、孙纪其历⑪。刘、

---

① 孝和皇帝:唐中宗李显谥号孝和。 ② 韦、武:韦皇后、武三思。 ③ 媪(ǎo袄):老妇人的通称。又称老母为媪。 ④ 附丽:附着,依附。 ⑤ 绾(wǎn碗)朱紫:指高官。绾,系。朱紫,不同官品所穿的朱红色和紫色袍服。 ⑥ 傅会:依附的意思。 ⑦ 予求句:疑有脱误。下文说:"逮銮西,百寮毕从,自惟官劳务简,求以留后。"也指这件事。 ⑧ 萧至忠:至忠曾为中书令,监修国史。 ⑨ 素王、素臣:称有道而没有爵位的。如称孔子为素王、左丘明为素臣。 ⑩ 班、谢、陈、习:指班固《汉书》、谢承《后汉书》、陈寿《三国志》、习凿齿《汉晋阳秋》。 ⑪ 王、陆、干、孙:指王隐《晋书》、陆机《晋纪》、干宝《晋纪》,均记西晋历史。孙盛《晋阳秋》记东晋历史。

石僭号①，方策委于和、张②；宋、齐应箓。惇史归于萧、沈③。亦有汲冢古篆④，禹穴残编⑤。孟坚所亡⑥，葛洪刊其《杂记》⑦；休文所缺⑧，荀绰裁其《拾遗》⑨。凡此诸家，其流盖广。莫不赜彼泉薮，寻其枝叶，原始要终，备知之矣。

若乃刘峻作传，自述长于论才⑩，范晔为书，盛言矜其赞体⑪。斯又当仁不让，庶几前哲者焉⑫。然自策名仕伍，待罪朝列⑬，三为史臣，再入东观⑭，竟不能勒成国

---

① 刘、石僭（jiàn 建）号：刘指刘渊，十六国时期建立汉国。石指石勒，东晋初年建立后赵，为十六国之一。僭号，僭用帝王尊号。僭，超越本分。 ② 和、张：和苞，十六国前赵时人，著《汉赵记》。张，未详。 ③ 宋、齐应箓：指刘裕、萧道成当上皇帝。惇史：惇厚之史。惇史归萧、沈，谓记录皇家言行的任务交给萧子显和沈约。后来萧、沈分别撰《南齐书》、《宋书》。 ④ 汲冢：见《六家》篇注。 ⑤ 禹穴：此指禹藏书的地方。 ⑥ 亡（wú无）：通"无"，没有。 ⑦ 葛洪：晋时人，著有《西京杂记》。 ⑧ 休文：即沈约。 ⑨ 荀绰《拾遗》：当是梁谢绰著的《宋拾遗》。译文已改。 ⑩ 刘峻长于论才句：刘峻著《辨命论》，论述人才的遭遇。 ⑪ 范晔矜其赞体：范晔自称《后汉书》书中的赞是他文辞中的杰思，几乎没有一字空设。奇变不穷，同含异体。见《古今正史》篇注。 ⑫ 当仁不让：当仁，面临仁义之事，意谓应当做的事就该理直气壮地去做，不能退让。庶几：差不多，接近。 ⑬ 待罪：封建官吏自谦之词。 ⑭ 三为史臣，再入东观：见《自叙》篇《史通》原注。

典,殆彼后来者,何哉?静言思之,其不可有五故也。

何者?古之国史,皆出自一家,如鲁、汉之丘明、子长,晋、齐之董狐、南史,咸能立言不朽,藏诸名山。未闻藉以众功,方云绝笔。唯后汉东观,大集群儒①,著述无主,条章靡立。由是伯度讥其不实②,公理以为可焚③,张、蔡二子纠之于当代④,傅、范两家嗤之于后叶⑤。今者史司取士,有倍东京。人自以为荀、袁,家自称为政、

---

① 东观群儒:见《六家·汉书家》注及《古今正史》篇。 ② 伯度讥其不实:李法字伯度,汉时南郑人。桓帝时侍中,曾上表说:"史官记事,无实录之才,虚相褒述,必为后世笑。"事见《华阳国志》卷十下"汉中士女"。 ③ 公理以为可焚:仲长统字公理,汉时山阳高平(今山东金乡县西北)人。敢直言。曾作诗:"叛散五经,灭弃风雅,百家杂碎,请用从火。"即指可焚。事见《后汉书·仲长统传》。 ④ 张、蔡纠于当代:张,即张衡,他作侍中时,从事史书著作。曾提出更始的年号应建于光武之初,纠正了《东观汉纪》之失,为范晔《光武纪》所采,并为后世一些史书所取法。事见《后汉书·张衡传》。蔡,即蔡邕,邕被流放朔方时曾上书,要求回来续成十志。 ⑤ 傅、范嗤于后叶:傅:即傅玄,他撰论经国九流及《史记》、《汉书》、《东观汉书》故事,评断得失,各为区例,名为《傅子》。范:即范晔,他删众家的后汉书而作成《后汉书》。曾说:"详观古今著述及评论,几乎少可意者。"意为众家后汉书都是可嗤笑的。事见《宋书·范晔传》。

骏①。每欲记一事,载一言,皆阁笔相视②,含毫不断。故头白可期,而汗青无日。其不可一也。

前汉郡国计书③,先上太史,副上丞相。后汉公卿所撰,始集公府,乃上兰台④。由是史官所修,载事为博。爰自近古,此道不行。史官编录,唯自询采,而左、右二史,阙注起居,衣冠百家,罕通行状。求风俗于州郡,视听不该;讨沿革于台阁,簿籍难见。虽使尼父再出,犹且成于管窥⑤;况仆限以中才,安能遂其博物!其不可二也。

昔董狐之书法也,以示于朝;南史之书弑也,执简以往⑥。而近代史局,皆通籍禁门⑦,身居九重⑧,欲人不见。寻其义者,盖由杜彼颜面,防诸请谒故也。然今馆

---

① 荀、袁、政、骏:即荀悦、袁宏;刘向字子政,刘歆字子骏。 ② 阁:通"搁",停。 ③ 计书:指郡县所献上的会计簿册。 ④ 兰台:本指汉代宫内藏书的地方。因班固为兰台令史,修撰《汉书》,故又称兰台为史官。 ⑤ 管窥:通过管孔去看天,所看到的只能是很小的一部分,比喻见识狭小短浅。 ⑥ 南史句:见《叙事》篇"南、董显书"注。 ⑦ 通籍禁门:指进宫中门卫都验证悬挂于门上的籍。籍:古时以二尺竹牒,记其年纪、姓名、物色等,悬挂在宫门,验证符合,才能进去。 ⑧ 九重:指宫禁深邃。

中作者，多士如林，皆愿长喙①，无闻龉舌②。傥有五始初成③，一字加贬，言未绝口而朝野具知，笔未栖毫而搢绅咸诵。夫孙盛实录，取嫉权门④；王劭直书，见仇贵族⑤。人之情也，能无畏乎？其不可三也。

古者刊定一史，纂成一家，体统各殊，指归咸别。夫《尚书》之教也，以疏通知远为主；《春秋》之义也，以惩恶劝善为先。《史记》则退处士而进奸雄，《汉书》则抑忠臣而饰主阙。斯并曩时得失之列，良史是非之准，作者言之详矣。顷史官注记，多取禀监修，杨令公则云"必须直词"⑥，宗尚书则云"宜多隐恶"⑦。十羊九牧⑧，其令难行；一国三公⑨，适从何在？其不可四也。

窃以史置监修，虽古无式，寻其名号，可得而言。夫言监者，盖总领之义耳。如创纪编年，则年有断限；草传

---

① 长喙：即长嘴，比喻多嘴多言；亦指搬弄是非。 ② 龉(zé赜)舌：谓闭嘴不言。龉，牙齿相遇，即闭口之意。 ③ 五始：本指《公羊》家所说的《春秋》章法。这里指史稿初成。 ④ 孙盛实录：见《直书》篇注。 ⑤ 王劭直书：见《六家》篇注。 ⑥ 杨令公：即杨再思。唐武则天时任同平章事。为人巧佞邪媚，能得人主隐微的旨意。中宗即位，又为中书令。事见《旧唐书·杨再思传》。 ⑦ 宗尚书：即宗楚客。唐武则天时，任同平章事。韦后及安乐公主尤加亲信，迁中书令。韦氏败，楚客伏诛。事见《旧唐书·宗楚客传》。 ⑧ 十羊九牧：比喻民少官多。 ⑨ 一国三公：意谓政令不一使人无所适从。

叙事,则事有丰约。或可略而不略,或应书而不书,此刊削之务也。属词比事①,劳逸宜均,挥铅奋墨,勤惰须等。某裒某篇②,付之此职;某传某志,归之彼官。此铨配之理也。斯并宜明立科条,审定区域。傥人思自勉,则书可立成。今监之者既不指授,修之者又无遵奉,用使争学苟且,务相推避,坐变炎凉,徒延岁月。其不可五也。

凡此不可,其流实多,一言以蔽,三隅自反③。而时谈物议。安得笑仆编次无闻者哉!比者伏见明公④,每汲汲于劝诱,勤勤于课责⑤,或云:"坟籍事重,努力用心。"或云"岁序已淹,何时辍手?"切以纲维不举⑥,而督课徒勤,虽威以刺骨之刑,勖以悬金之赏,终不可得也。语曰:"陈力就列,不能者止⑦。"所以比者布怀知己,历抵群公,屡辞载笔之官,愿罢记言之职者,正为此尔。

……

----

① 属词比事:本指连缀文辞,排列史事。后用以泛称撰文记事。 ② 裒(zhì志):同"帙",卷、书函。 ③ 三隅自反:即举一反三之义。隅:方面,角落。反:类推。 ④ 伏见:这里作下对上的敬称。 ⑤ 课责:按职责进行考核。 ⑥ 纲维:此指事情的主要环节。 ⑦ 陈力列句:这是古代史官周任所说的话,孔子曾经引用,意称量其才力以就位,不能胜任,便当辞去。语见《论语·季氏》。

至忠得书大惭,无以酬答,又惜其才,不许解史任。而宗楚客、崔湜、郑愔等①,皆恶闻其短,共仇嫉之。俄而萧、宗等相次伏诛,然后获免于难。(节选)

【翻译】

唐中宗时,韦皇后勾结武三思滥用权势,中宗的老母又干预朝政。士大夫有依附他们的,就可以得到高官,发迹起家,我因为没有靠山,所以当时被他们排斥。当中宗自东都回长安复位的时候,朝廷中愿意随从的人很多。我请求在皇帝车驾出发时留后,因而未离去,仍在东都洛阳供职。我闭门谢客,经过三年。有人谗毁我身为史臣,不记载国家大事而隐居取乐,私自从事著作。于是驿使传诏要我赶赴京城,命令我专门从事编修史书工作。这时小人得志,法纪一天比一天败坏,在这样的情况下作官,心中很不愉快,因此给监管修史的萧至忠等诸长官上书请求辞退,书中说:

我幼时听讲《诗》、《礼》,长大便泛览艺文,对于史传论著,更特别爱好。探求左史、右史的含义,这就是说的

---

① 宗楚客:见前"宗尚书"注。崔湜,字澄澜。附托昭容上官氏,和她私通,任检校吏部侍郎,后赐死。郑愔(yīn 音):曾任太常卿。

《春秋》、《尚书》；素王、素臣的称呼，这是称道孔子、左丘明载记的精微深奥。西汉、东汉、三国，班固、谢承、陈寿、习凿齿发展了他们的规模，创立了断代史体；西晋、东晋，王隐、陆机、干宝、孙盛跟随在后，记载了一个朝代的历史。刘渊、石勒妄自称王称帝，把编史的重任委派给和苞、张某；宋、齐王朝建立，言行的记录专任萧子显和沈约。还有汲冢出土的古史，禹穴发现的残书。班固《汉书》里所没有的，葛洪把它编纂成《西京杂记》；沈约《宋书》所缺少的，谢绰把它撰成《宋拾遗》。所有这些各家著述，源流是很远的。我探寻了它们的渊源，研究了它们的言辞，从起源发展到结果，我都完全知道了。

至于刘峻作《辨命论》，自我介绍擅长论辨人才的命运；范晔撰《后汉书》大言自夸，他写有杰出的论赞。这又是应该当仁不让，向前代的贤哲靠拢。然而我自己有了官吏的名声，担任了朝廷的职务，三次作了史臣，两次进入史馆，竟然不能编成国史，遗留后世，这是为什么呢？冷静地思考，我之所以不能做到，有五个原因。

什么原因呢？古代的国史，都出自一个史家之手，如鲁国、汉朝的左丘明、司马迁，晋国、齐国的董狐、南史，所以都能使著述永垂不朽，藏之于名山。没有听说要靠众人的力量，才可以编成出色的史书。只有后汉的东观著书，集中了大批的儒士，然而著述没有主宰，条例章程也不能确立。由于这样所以李伯度讥笑东汉史官没有实录的才能，仲长统认为繁琐芜杂，可以把它烧掉，当时张衡、蔡邕二人纠正《东观汉纪》的缺略过失，后来傅玄、范晔两人也加讥评。现在史馆选用人才，比东汉时多了一倍。人人自以为是荀悦、袁宏，各家自称是刘向、刘歆。每当记录一件事，记载一句话，大家都停下笔来相互观望，口含笔头犹豫不决。因此人生有限，而史书的撰成却遥遥无期。这是不可能的第一个原因。

西汉时各州县献上的会计簿册，先送给太史，再将副本上奏丞相。东汉时公卿所撰写的论议等文件，先集中在三公的官府，然后送给兰台。由于这样史官所修撰的史书，记载的事情都很广博。到了近古，这种方法不再实行。史官编撰记载，只有自己询问采集，而且左、右二史，不记皇帝的起居，官绅百家，很少交流行状。到州郡了解风俗，看的听的都不完备；到尚书省探讨制度的变革过程，簿册图书很难看到。即使让孔子再生，也会成为见识狭小短浅的人；何况我这仅限于中等的才能，怎么能够使编成的史书博物多闻！这是不可能的第二个原因。

从前董狐的直书笔法，在朝廷上公开示人，南史氏的记载弑君，执书前往，奋不顾身。但近代的史馆移到宫廷，史官要在门籍上有姓名才能进入宫门，深居宫中，想要别人见不到面。推究这样做的道理，恐怕是要杜绝彼此的情面，防止请托求见的缘故。然而现在史馆中的作者，文士众多，凡事都要说长道短，没听说谁能忍嘴不说的。如果有人修史还刚刚动笔，加上一个贬斥的字眼，话还没有说完朝野上下就都已知道；笔还没有停下，官宦之间就都在传诵。孙盛《晋阳秋》如实记载，遭到权门的嫉恨；王劭《晋史》秉笔直书，被贵族仇视。人的常情，能不畏惧吗？这是不可能的第三个原因。

　　古时删定一部史书，编成一家著述，体裁各不相同，目的各有差别。《尚书》的教化作用，以沟通上古帝皇之世为主，《春秋》的大义，以惩恶劝善为先。《史记》是贬低处士而推举奸雄，《汉书》是压抑忠臣而掩饰君主的过失。这都是以往史书得失的例证，良史是非的标准，历来著述的人已经谈得很详尽了。近来史官编纂史书，大多领受监修的意见，杨令公说"必须直词"，宗尚书又说"宜多隐恶"。但是民少官多，命令很难实行；政令不一，究竟顺从谁的主张？这是不可能的第四个原因。

　　我私下认为编史设置监修，虽然古时没有规定，探求它的名称，还是可以说一说的。所谓监修，大概是总管的意思罢了。如创立编年体，那么年代就有起止的范围；草拟传记叙事，记载就有繁简的标准。有的可以简略而又没有简略，有的应该记载却又没有记载，这是史官删改的任务。编撰文辞安排史事,劳逸应该平均,挥笔动墨,勤惰必须相等。某卷某篇,交给这个职位的人,某传某志,分给那个史官。这是衡量调配的道理。这些都应该明确地制定法规,审定范围。如果人人都自觉努力,那么史书就可以很快编成。现在的监修既不指点教授,修史的人又无所遵循,因而使人争相学得马虎,遇事致力于推脱回避,坐等时节变换,空自拖延时间。这是不可能的第五个原因。

所有这些"不可",它的流弊实在很多,一句话把它概括,其他许多方面就可以推想而知。时人的称道和众人的议论,怎么能笑我编史不出名呢!近来我看到你时常热心于劝勉诱导,辛苦地考核职责,有时说"编修史书事关重大,应该努力用心"。有时又说"时间已久,何时才能完成"?我私下认为主要的事情没有抓起来,监督考核也就白费苦心,即便是用惨酷的刑法相威胁,用悬挂千金的赏赐来勉励,最终还是不能编好史书的。古代史官周任说过一句话:"能够发挥自己的能力,这才担任职务,实在不可能做好,便该辞去职务。"所以近来向好朋友陈述心事,多次触犯诸公,屡请辞去修史的官职,正是为的这些事情。

……

萧至忠得到我的信后很惭愧,又没有什么理由回答我,但又可惜我这样的史才,不允许我辞去史官职务。但宗楚客、崔湜、郑愔等,又讨厌我说他们的短处,都仇恨我。没有多久萧至忠、宗楚客相继获罪被诛杀,这样我才幸免于祸难。

《古代文史名著选译丛书》编纂始末[①]

马樟根　安平秋

今年1月,《古代文史名著选译丛书》已经出到100种101册(其中《史记》为2册)。4月份,最后的33种也已交稿。这样,全书133种即将呈献在读者面前。[②] 一项服务当前、造福子孙的普及优秀古代文化、进行爱国教育的大工程将宣告完工了。回想

---

① 《古代文史名著选译丛书》由全国高校古籍整理研究工作委员会主持,古委会直接联系的18个古籍整理研究所为主要承担机构,章培恒、安平秋、马樟根任主编。本文于1992年4月,在《中国典籍与文化》杂志发表时题目是《衣带渐宽终不悔——〈古代文史名著选译丛书〉编纂始末》。这次将此文作为2011年修订版附录时,去掉原正标题,以原副标题为正式题目。　② 至1994年4月最后定稿时,全书为135部。2011年修订版出版时,全书为134部。

这一套丛书动员18所院校,投入100余人,从1985年筹划,1986年起步,到今天已度过了六七年的岁月,个中甘辛令人难以忘怀。

一、北大·苏州·北大
——酝酿与筹划

编纂这样一套丛书,起因于1981年7月。当时陈云同志派人到北京大学召开了小型座谈会。来人告诉与会人员陈云同志最近在考虑两个问题:一个是粮食,一个是古籍整理。对古籍整理,特别讲到陈云同志说:"整理古籍,为了让更多的人看得懂,仅作标点、注释、校勘、训诂还不够,要有今译,争取做到能读报纸的人多数都能看懂。有了今译,年轻人看得懂,觉得有意思,才会有兴趣去阅读。今译要经过选择,要列出一个精选的古籍今译的目录,不要贪多。"这就是后来收入《陈云文选》的那段话。1981年9月,中共中央关于整理我国古籍的文件中一字不差地强调了这段话。1983年,教育部成立了全国高校古籍整理研究工作委员会(简称古委会)。古委会主任周林同志根据中央和陈云同志意见,提出了组织力量今译古籍。但在当时,经过"文革"后的古籍整理工作百废待兴,加之一些学者对今译重要性的认识远非今日之深,这一工作一拖便是两年。

1985年5月,全国高校古委会在苏州召开了一届二次会议。周林同志在会上作了"人才培养和古代文化遗产普及问题"的专题发言,他分析了"解放三十多年来,由于'左'的路线干扰,特别是'文化大革命',几乎使我们的民族文化到了中断的边缘,出现了对古代文化知之不多,或知之甚少的状况",要教育界的同志"做好普及古代文化知识的工作",搞好古籍的今注今译就是其中的一项重要任务,"高校古委会要在这方面多下功夫","高校古籍研究所无疑应担负起这个任务"。他针对当时一些人轻视古籍的今注今译思想,呼吁"我们对于选本、今译等有利于教育普及的东西,应承认它的学术价值","《昭明文选》、《唐诗三百首》、《古文观止》等是地道的选本,流传几百年,发生那么大的影响,能说没有水平?""专家们深入浅出的在对古文献研究基础上的译注,对普及古代优秀文化作出重大贡献,算不算高水平的成果呢?""古文既要译得恰当、准确,又要通畅易懂,难度是很大的","为了社会主义精神文明建设,古籍整理这方面也要作出应有的贡献"。一石激浪,沉寂了几年的今译古籍的话题又重新活跃起来。会上作了一番认真讨论。

经过这样的酝酿,1985年7月,全国高校古委会科研项目评审组的专家们聚集在北京大学勺园,筹划编纂一套古籍今译的精选本。初步定名为《古籍今译丛书》,议定了收书范围、内容,开列了65种书的选目。并决定由科研项目专家评审组召集人、复旦大学古籍所所长章培恒教授和参加过陈云同志在北大召开座谈会、当时古委会主管科研工作的副秘书长安平秋同志共同负责,与秘书处同志一起具体筹划。经几个月的筹备,决定由古委会直接联系的18个高校古籍研究所承担这一工作,组成编委会,并开列出89种书的选目,对选译的进度、规划亦作了设计。此时,几家出版社闻讯而至,表示愿意出版这套丛书。最早与我们联系的巴蜀书社的段文桂社长以其强烈的事业心和对古籍今译的高度重视感动了我们,于是决定邀请巴蜀书社编辑参加第一次编委会议。

二、从柳浪闻莺到桂子山上

——第一批书稿的产生

第一次编委会于1986年5月在杭州柳莺宾馆

召开。宾馆因位于西湖十景之一的柳浪闻莺而得名。全国高校18个研究所的24名学者和有关人员聚集在这风景胜地，无心观柳，亦无从闻莺，紧张地工作了三天。会上确定了这套普及读物的读者对象是具有中等以上文化程度的广大群众，收书范围是中国历代文史名著，在名著之中选精。所选书目，在原拟89种基础上，调整为116种，以形成系统性。书中选篇之下分提示、原文、今译、注释四部分，以译文为主，书前有一前言，书中加入必要的插图。每一种书约10—15万字。书名确定为《古代文史名著选译丛书》。即由到会的24位学者组成丛书编委会①，由章培恒、马樟根、安平秋三人任主编。于是，编委会立即分成三个工作小组，在会上分头拟出丛书《凡例》、《编写、审稿要求》和《文稿书写格式》，经讨论修改而形成了正式文字以供遵循。在

---

① 编委会成员按姓氏笔划排列为：
马樟根　平慧善　安平秋　刘烈茂　许嘉璐　李国祥
金开诚　周勋初　宗福邦　段文桂　董治安　倪其心
黄永年　章培恒　曾枣庄（以上为常务编委）
王达津　吕绍纲　刘仁清　刘乾先　李运益　杨金鼎
曹亦冰　常绍温　裴汝诚（以上为编委）

自报的前提下，会上确定了由18个研究所承担前40部书的今译任务，要求当年年底完成。古委会主任、丛书顾问周林同志对编委会的认真精神、紧张工作和显著效率十分赞赏，他说："有这样一个编委会，有这样一个阵容来做选译，使中国历史文化不成为专属于少数人的知识，使能看报纸的人都读懂自己民族的名著，从而树立爱国主义、建设有民族特色的精神文明，其意义之深远将会在今后愈益显露出来。"于是，有1000余万字的大工程便从这里开始了。

当年年底各研究所的今译书稿经作者完成后，由在该所的编委审改，到1987年5月和7月，先后在复旦大学、北京大学两次召开编委审稿会。这种审稿会，说是审稿，实际上是边审边改，字斟句酌，每部书稿必须经一位编委、一位常务编委审改把关，经过这样两道工序，汇总到主编手中，40部书稿通过了25部。其中部分书稿赶印了样稿征求意见。于是周林同志于7月6日在北大临湖轩邀请了在京十几位专家与正在审稿的编委一起研究样稿，探讨如何提高这套今译丛书的质量。

根据编委审稿发现的问题和在京专家们的意

见，丛书亟需在已定体例的框架中条列细则；而出版单位巴蜀书社又希望所出版的第一批书为50种以便形成格局，需要布置各研究所承担新的今译任务。这样，1987年10月在华中师范大学再次召开了编委会，又请了詹锳、周振甫、刘乃和、郭预衡等先生到会指导。

  这次编委会是在审看了40部书稿后，发现了一大批问题亟待解决，又是在需要布置下一步任务的状况下召开的，是一次承上启下的编委会。会议初期人们的心情和会上的气氛都带有一股子严峻与急切。会议从5日到8日开了三天半。但是在4日晚上开预备会的时候，主编章培恒先生尚未到会，亦无他是否已从上海出发的信息。5日上午就要开会了，主编不到怎么行呢？5日一早，我们还在沉睡之中，忽听有人敲门，进来的竟是章培恒！一向风神儒雅、衣装考究的章培恒先生，此时却是一身尘灰、满脸疲惫地站在我们面前。原来他从上海出发前，未能买到机票或船票，而上海到武汉又没有直达火车，只好先从上海坐火车到长沙，为了不误5日上午开会，他只好买了一张无座票，夜间从长沙出发一直站到武昌。一向走路辨不清方向的章培恒竟然在夜色未退之前一人从车站摸到了华中师大专家楼,也算是奇迹。

这次编委会,从体例的具体要求、书中选篇是否合适、每篇中的提示如何写、注释的繁简和语言的通俗性,到今译的信达雅如何把握,例如李白的"床前明月光,疑是地上霜,举头望明月,低头思故乡"这样通俗的诗是否要翻译,在在都有热烈的争论。感谢编委们的努力和学术判断力,最后终于形成了一个《细则》,一切争论都统一在这个《细则》之上。编委们在思想明确、分得新的任务之后,显出了少有的轻松与喜悦。会议结束正逢中秋节,华中师大的专家楼坐落在武昌桂子山上。入夜,桂子山上举行了赏月茶会,几张方桌,围坐着全体编委和特邀到会专家。天上明月如盘,清辉洒地,眼前桂树葱茏,桂花飘香,华中师大古籍研究所的青年们活跃席间,引得王达津先生即席赋诗,刘乃和先生清唱京戏。这气氛预示着《古代文史名著选译丛书》克服了当前的困难,第一批50种书稿有如母腹中的胎儿,快要降生了。

三、华清池畔的愁云与人民大会堂的欢欣

——第一批书出版的柳暗花明

1988年10月,编委们再一次聚会,审定第一批

50种中的最后十几部书稿、修改第二批50种中的大量书稿。这次审稿是在"东枕华山、西拒咸阳"的骊山脚下、华清池滨的一家招待所。这里古朴而不豪华,食宿低廉却又实惠,审稿之余,左近有风景可观,有古迹可寻,房内有43℃的温汤沐浴,编委们平日在校教学、科研工作劳累而生活清苦,如今有这样的环境与条件,感到少有的惬意。我们作为主编觉得这也是对编委们两年来辛勤编书的一点补偿。但这种适意之感很快就被两件事所驱散。一件事是书稿的质量。几十部书稿交来,一经审看,从注译到体例完全合格的只有寥寥可数的三四部,余下的,或需小改,或需大改,或根本不合格需退回重作。另一件事是出版发行成了问题。到会的巴蜀书社副社长黄葵同志向大家通报了即将印出的16本书征订情况,最多的为2000册,且只有一种,其他的只有800册、600册,甚至还有200余册。征订不佳,销路不畅,出书要赔钱,出版社为难,编委们又无计可施。此时哪还有心思去观赏"骊山云树郁苍苍,历尽周秦与汉唐"?也无心绪登上骊山,在烽火台前怀古。且正值"楼台八月凉"的节令,只有华清池畔秋雨飘零,秋风瑟瑟,落叶满地,不禁愁从中来。

愁则愁，还得面对现实。书稿质量不高，靠到会近20位编委十余天的逐字逐句修改，终于改定合格17部。至于出版发行问题，巴蜀书社的朋友费心经营，重新设计了封面，改进装帧，将第一批50种装成一个大礼品盒，成盒出售。从中又得到了国家新闻出版署、四川省出版局、国家教委有关司局和各省市教委的大力支持与帮助，发行面得以扩大，到了1990年下半年，首印的17000套书销售已尽，而问讯、索购者不绝，出版社决定再印30000套以供读者需要。中央领导了解到这套丛书受到读者欢迎，欣然为丛书题辞，江泽民总书记的题辞是"做好我国古代文史名著的传播普及工作，使其古为今用，以发扬爱国主义精神"，李鹏总理的题辞是"弘扬民族优秀文化，激励爱国主义精神"。李瑞环同志也为丛书题了辞。

1990年8月22日在北京人民大会堂召开了《古代文史名著选译丛书》出版座谈会。国家领导人李铁映、胡乔木、李德生、陈丕显、廖汉生、王汉斌、王光英出席，古委会主任周林同志主持会议，到会各阶层代表在发言中从不同角度肯定了这套书对促进青少年了解历史、了解国情、了解中华民族优秀传统文化、进行爱国主义教育的作用。时值盛夏,却逢喜雨,洗却了编委和出版社同志心中的忧虑,参加大会堂座谈会的13名常务编委会后又聚集在北京大学讨论深入认识编纂这套丛书的重大意义,研究审改好第二批书稿的具体措施。

四、从舜耕山庄耕作到乐山脚下
——第二批书稿审定之艰辛

第二批书稿50种50册,是1987年10月布置的。1988年10月在西安审改合格的17部书稿都已放入第一批中以替换原已通过的第一批中质量较差的书稿。这样,第二批书稿当时余下的已完成的有20余部,却都不合格,只能要求译注者和编委再行修改。一年之后,编委会汇总来重新改好和新译注交来的第二批书稿44部,1989年10月于济南千佛山下的舜耕山庄召开了常务编委审稿会。

这次审稿,发现的问题较多。有的选目不当,如有的史书重要人物的传不选却选入无关紧要而又无学习价值的人物传,有的名家的文章名篇不选却选入既无文学价值又无借鉴意义的篇章。有的选译所依据的底本不当,舍弃现有的精校本却用校勘不善的本子。有的虽有根据地改动正文却只在注释中说"原作……据别本改",而不指明据何本改。有的注释过繁,不利于一般读者阅读;有的注释极简,该注释的地方不注,使广大读者看了译文仍无法理解全文的精妙;而更多的是注释不准确,对一字一词增字为训而歪曲了原意的毛病也较普遍。译文问题更多,有的语义不清,佶屈聱牙,把"三顾频烦天下计,两朝开济老臣心"译为"三顾茅庐频烦为天下大计,两朝事业开济尽老臣忠心",有的为追求通俗生动把"君何往"中的"君"译为"老兄"。每篇的提示,有的写得很长变成了文章赏析,有的虽短却不中肯綮,用了类似"文革"期间的语言扣几顶大帽子了事。看这样的稿子都觉头痛,改这样的稿子更感艰难。审稿历时 12 天,参加审稿、当时 63 岁的黄永年先生向我们诉苦:"头发掉了一把!"有的编委说,千佛山古称历山,传说舜在这里开垦耕耘,十分艰辛,我们住在舜耕山庄,预示着我们为这套丛书垦荒笔耕,也要历尽千辛。这次审稿,经过审改之后,有 10 部书稿合格,有 11 部需会后再作小的修改方能通过,余下的均需作大的改动或另请人译注。

这次审稿还研究了所选戏曲部分的曲辞如何今译问题,如规定了念白中出现的诗句只注不译,上、下场诗只注不译,注而不译的文字在译文中应予保留以便参读。

到1990年12月,丛书常务编委在广州研究丛书如何体现批判继承精神、如何提高第二批书稿质量时,又有18部书稿完成交来。为了保证书稿质量,使1991年上半年召开的常务编委审稿会得以顺利进行,我们三个主编从广州匆匆赶到北京,用了一周时间审看了这18部书稿,通过了7部,11部退改。当我们看完最后一部书稿碰头研究时,已是12月31日。在1990年一年内,我们仅仅通过了这7部书稿。加上1989年在舜耕山庄通过的10部,也仅有17部,尚差33部方足第二批的50部。

1991年5月,常务编委来到古称嘉州的乐山市,在乐山山腰的八仙洞宾馆继续审改第二批书稿。改稿时间只有十天,要力争将50部推出,其繁重可知。我们在改稿过程中,不禁想到明万历年间嘉州知州袁子让的诗句"登临始觉浮生苦",想到这套丛书从起步到这次审改已历时5年,当初怎么也没有想到完成这套丛书会是如此的艰辛,真是登临始觉笔耕苦啊！

这次乐山审稿,通过了13部书稿。好在余下的20部书稿只须小改即可在会后交稿,终于在1991年8月将这20部书稿全部改定交巴蜀书社。第二批50部历时近四年终于定稿了。

五、在金陵古都作光辉的一结
——第三批书稿的完成

1990年12月据出版社的要求,这套丛书出齐当为150种,到乐山会上又修正为110种至125种,最后数字的确定根据最后一次审稿结果而定,合格的即入选,不合格的不再修改选入。根据这一共识,今年4月中旬,我们一部分常务编委聚集到六朝古都南京,从已经交来的35部书稿中选择经小改合格的书稿。经过十一天的劳作,选择、改定33部,由到会的常务编委、巴蜀书社的段文桂总编和编委、巴蜀书社的刘仁清副编审带回成都,将经由他们的继续辛苦而使《古代文史名著选译丛书》以133部、1500万字之数呈献给热爱中华文化的读者。

这套丛书从1986年5月起步,历时整整六年,平日繁细工作不计,仅编委大小审稿会就开了12次之多。丛书的发起人、顾问、古委会主任周林同志先后参加了8次审稿会,每次都自始至终和大家在一起,听取审稿情况,了解遇到的问题;当我们遇到困难的时候他为我们鼓劲,当我们感到欣喜的时候他提醒我们不可大意。这次他又和我们一起来到虎踞龙蟠的石头城下,为我们督阵,看我们能否为这套丛书作出光辉的一结。

此时此刻,我们与这次会议的东道主、丛书常务编委、南京大学的周勋初先生漫步在中山陵旁,想到今译丛书已基本完成,自然感到如释重负,但理智却使我们不敢轻松,我们期待着全书133部出齐之后专家、读者的评头品足。

1992年4月26日

(原载《中国典籍与文化》1992年第1期)

古代文史名著选译丛书(修订版)总目

丛书主编:章培恒　安平秋　马樟根

书　名	译注者		审阅者		定价/元
老子注译	张玉春	金国泰	安平秋		16.00
庄子选译	马美信		章培恒		18.00
荀子选译	雪　克	王云路	董治安	许嘉璐	19.00
申鉴中论选译	张　涛	傅根清	董治安		18.00
颜氏家训选译	黄永年		许嘉璐		15.00
论语注译	孙钦善		宗福邦		28.00
孟子选译	刘聿鑫	刘晓东	黄　葵		20.00
墨子选译	刘继华		董治安		14.00
韩非子选译	刘乾先	张在义	黄　葵		19.00
新序说苑选译	曹亦冰		倪其心		25.00
论衡选译	黄中业	陈恩林	许嘉璐		22.00
管子选译	缪文远	缪　伟	董治安		18.00
列子选译	王丽萍		周勋初	倪其心	19.00
韩诗外传选译	杜泽逊	庄大钧	董治安		24.00
盐铁论选译	孙香兰	刘光胜	黄永年		13.00
诗经选译	程俊英	蒋见元	刘仁清		19.00
楚辞选译	徐建华	金舒年	金开诚		15.00
贾谊文选译	徐　超	王洲明	安平秋		17.00
司马相如文选译	费振刚	仇仲谦	安平秋		11.00
文心雕龙选译	周振甫		黄永年		17.00
庾信诗文选译	许逸民		安平秋		18.00

书　名	译注者		审阅者		定价/元
嵇康诗文选译	武秀成		倪其心		18.00
谢灵运鲍照诗选译	刘心明		周勋初		18.00
陈子昂诗文选译	王　岚		周勋初	倪其心	14.00
李白诗选译	詹　锳	等	章培恒		22.00
高适岑参诗选译	谢楚发		黄永年		23.00
元稹白居易诗选译	吴大逵	马秀娟	宗福邦		21.00
柳宗元诗文选译	王松龄	杨立扬	周勋初		18.00
李贺诗选译	冯浩菲	徐传武	刘仁清		20.00
杜牧诗文选译	吴　鸥		黄永年		14.00
李商隐诗选译	陈永正		倪其心		19.00
唐五代词选译	亦　冬		董治安		16.00
唐文粹选译	张宏生		周勋初		18.00
晚唐小品文选译	顾歆艺		平慧善		15.00
黄庭坚诗文选译	朱安群	等	倪其心		18.00
辛弃疾词选译	杨　忠		刘烈茂		24.00
元好问诗选译	郑力民		宗福邦		20.00
宋四家词选译	王晓波		倪其心		16.00
黄宗羲诗文选译	平慧善	卢敦基	马樟根		15.00
吴伟业诗选译	黄永年	马雪芹	安平秋		20.00
方苞姚鼐文选译	杨荣祥		安平秋		20.00
明代散文选译	田南池		马樟根		22.00
顾炎武诗文选译	李永祜	郭成韬	刘烈茂		23.00
张衡诗文选译	张在义 韩格平	张玉春	刘仁清		16.00
汉诗选译	张永鑫	刘桂秋	金开诚		19.00

书 名	译注者		审阅者		定价/元
阮籍诗文选译	倪其心		刘仁清		15.00
三曹诗选译	殷义祥		刘仁清		22.00
诸葛亮文选译	袁钟仁		董治安		16.00
陶渊明诗文选译	谢先俊	王勋敏	平慧善		16.00
杜甫诗选译	倪其心	吴 鸥	黄永年		17.00
王维诗选译	邓安生	等	倪其心		20.00
刘禹锡诗文选译	梁守中		倪其心		20.00
孟浩然诗选译	邓安生	孙佩君	马樟根		18.00
韩愈诗文选译	黄永年		李国祥		20.00
欧阳修诗文选译	林冠群	周济夫	曾枣庄		20.00
曾巩诗文选译	祝尚书		曾枣庄		19.00
苏轼诗文选译	曾枣庄	曾 弢	章培恒		23.00
李清照诗文词选译	平慧善		马樟根		15.00
陆游诗词选译	张永鑫	刘桂秋	黄 葵		24.00
朱熹诗文选译	黄 珅		曾枣庄		20.00
文天祥诗文选译	邓碧清		曾枣庄		20.00
袁枚诗文选译	李灵年	李泽平	倪其心		20.00
王安石诗文选译	马秀娟		刘烈茂	宗福邦	18.00
二程文选译	郭 齐		曾枣庄		25.00
范成大杨万里诗词选译	朱德才	杨 燕	董治安		26.00
萨都剌诗词选译	龙德寿		曾枣庄		28.00
王阳明诗文选译	吴 格		章培恒		18.00
徐渭诗文选译	傅 杰		许嘉璐	刘仁清	17.00
李贽文选译	陈蔚松	顾志华	李国祥	曾枣庄	17.00

书　名	译注者		审阅者	定价/元
三袁诗文选译	任巧珍		董治安	17.00
王士禛诗选译	王小舒	陈广澧	黄永年	13.00
龚自珍诗文选译	朱邦蔚	关道雄	周勋初	13.00
尚书选译	李国祥 谢贵安	刘韶军 庞子朝	宗福邦	14.00
礼记选译	朱正义	林开甲	宗福邦	22.00
左传选译	陈世铙		董治安	22.00
国语选译	高振铎	刘乾先	黄葵	22.00
战国策选译	任　重	霍旭东	李国祥	21.00
吕氏春秋选译	刘文忠		董治安	17.00
吴越春秋选译	郁　默		倪其心	19.00
史记选译	李国祥 张三夕	李长弓	安平秋	29.00
汉书选译	张世俊	任巧珍	李国祥	22.00
后汉书选译	李国祥 彭益林	杨昶	许嘉璐	24.00
三国志选译	刘琳		黄葵	18.00
晋书选译	杜宝元		许嘉璐	15.00
宋书选译	漆泽邦	孔毅	李国祥	19.00
南齐书选译	徐克谦		周勋初	18.00
北齐书选译	黄永年		安平秋	16.00
梁书选译	于　白		周勋初	17.00
陈书选译	赵　益		周勋初	17.00
南史选译	漆泽邦		安平秋	22.00
北史选译	刁忠民		段文桂	20.00

书名	译注者		审阅者		定价/元
周书选译	黄永年		安平秋		15.00
魏书选译	杨世文	郑 晔	周勋初		22.00
隋书选译	武秀成	赵 益	周勋初		20.00
新唐书选译	雷巧玲	李成甲	黄永年		16.00
旧唐书选译	黄永年		章培恒		16.00
新五代史选译	李国祥 姚伟钧	王玉德	周勋初		18.00
旧五代史选译	贾二强		黄永年		17.00
宋史选译	淮 沛	汤 墨	曾枣庄		20.00
辽史选译	郭 齐	吴洪泽	曾枣庄		21.00
金史选译	杨世文 李文泽	祝尚书 王晓波	曾枣庄		21.00
元史选译	樊善国	徐 梓	马樟根		25.00
明史选译	杨 昶		李国祥		20.00
清史稿选译	黄 毅		章培恒		22.00
贞观政要选译	裴汝诚	王义耀	黄永年		18.00
史通选译	侯昌吉	钱安琪	周勋初		16.00
资治通鉴选译	李 庆		黄永年		16.00
续资治通鉴选译	徐光烈		安平秋		24.00
通鉴纪事本末选译	谈蓓芳		章培恒		21.00
洛阳伽蓝记选译	韩结根		章培恒		22.00
梦溪笔谈选译	李文泽		曾枣庄		20.00
徐霞客游记选译	周晓薇	等	黄永年	马樟根	17.00
宋代笔记小说选译	朱瑞熙	程君健	金开诚等		19.00
关汉卿杂剧选译	黄仕忠		刘烈茂		24.00

书　名	译注者		审阅者		定价/元
明代文言短篇小说选译	黄　敏		章培恒		23.00
六朝志怪小说选译	肖海波	罗少卿	刘仁清		21.00
世说新语选译	柳士镇	钱南秀	周勋初		23.00
水经注选译	赵望秦 张艳云	段塔丽	许嘉璐		19.00
唐人传奇选译	周　晨		曾枣庄		24.00
唐五代笔记小说选译	严　杰		周勋初		21.00
大慈恩寺三藏法师传选译	贾二强		黄永年		18.00
宋代传奇选译	姚　松		周勋初		22.00
聊斋志异选译	刘烈茂 欧阳世昌		章培恒		22.00
阅微草堂笔记选译	黄国声		安平秋		16.00
清代文言小说选译	王火青		周勋初		23.00
历代名画记图画见闻志选译	周晓薇	赵望秦	黄永年		17.00
容斋随笔选译	罗积勇		宗福邦		20.00
唐才子传选译	张　萍	陆三强	黄永年		24.00
西厢记选译	王立言		董治安		20.00
元代散曲选译	彭久安		刘烈茂	金开诚	21.00
日知录选译	张艳云	段塔丽	黄永年		22.00
桃花扇选译	张文澍		章培恒	段文桂	15.00
牡丹亭选译	卓连营		章培恒		14.00
长生殿选译	戚海燕		董治安		20.00